Martin Sörös

DAS ENDE DER SPÖ

Von der absoluten Mehrheit in die Bedeutungslosigkeit

*„Wo ich die SPÖ in zehn Jahren sehe?
Wahrscheinlich noch immer auf dem Wahlzettel."*

Daniela Holzinger-Vogtenhuber
(SPÖ-Nationalratsabgeordnete, 2013 - 2017)

Inhalt

Vorwort

Eines sei gleich vorweg gesagt: Ein pointiert politisches Buch über eine politische Partei zu schreiben, die ihren Zenit zwar bereits überschritten hat, aber noch immer mächtig genug ist, um Existenzen zu vernichten, ist in Zeiten aufkeimender Zensurtendenzen mutig und richtig. Deswegen hat sich der Verlag entschieden, das vorliegende Buch herauszubringen.

Eine Partei, die viel für Österreich geleistet hat, eine Partei, die einerseits politische Reformer wie Bruno Kreisky in ihren Reihen hatte und andererseits Abgründe eröffnete, die sprichwörtlich geworden sind, verdient eine kritische Betrachtung ohne Sentimentalitäten. Martin Sörös beschreibt mit viel Engagement den Abstieg einer einstmals im wahrsten Sinne des Wortes staatstragenden Partei zu einem Selbsterhaltungsverein, der in den letzten Jahrzehnten Machterhalt zu seinem eigentlichen Programm gemacht hat. Die 1889 gegründete Sozialdemokratische Arbeiterpartei ist schon lange keine politische Arbeiterbewegung mehr, sondern ein politischer Konzern mit tiefen Verstrickungen in Wirtschaft, Medien und Gesellschaft. Die Sozialdemokraten von heute werden nicht mehr gewählt, weil Veränderung oder Verbesserung für „die Menschen da draußen“ (©Bruno Kreisky) von ihnen erwartet wird, sie werden (noch) gewählt, weil sie (noch) mächtig, einflussreich und „gut vernetzt“ sind.

Martin Sörös lässt neben Stimmen aus dem Inneren der Partei auch politische Mitbewerber und Journalisten zu Wort kommen. Wenn eine ehemals hoffnungsfrohe SPÖ-Jungmandatarin nach vier Jahren im Parlament resigniert das Handtuch wirft und zu einem Altpolitiker wie Peter Pilz wechselt, dann sagt dies mehr über die Befindlichkeit der gesamten Politikszene aus, als jede langatmige TV-Analyse: Diese Partei ist definitiv am Ende.

Der wohl interessanteste und wahrscheinlich auch kontroversiellste Befund von Martin Sörös ist aber jener von der Bedeutung Jörg Haiders für die SPÖ. Offensichtlich hat kein Politiker davor und danach die SPÖ so an- und vor sich hergetrieben. Jörg Haider, der Gott seibeiuns der österreichischen Sozialdemokratie.

Martin Sörös setzt aus durchaus bekannten Daten und Fakten, untermauert von eigenen Interviews mit Parteikennern, ein Bild der SPÖ zusammen, das nicht allen gefallen und auch Ungläubigkeit auslösen wird, aber die Entwicklung einer ehemals großen Partei zu einer skandalgebeutelten Postenschacherdrehscheibe eindrucksvoll wiedergibt.

Christian Günther
Verlagsleitung Frank&Frei

Die Talfahrt der SPÖ

Von Bruno Kreisky bis Rudolf Hundstorfer – und die Frage: Wo sind die Wähler der einst staatstragenden Partei?

Es war einmal . . .

Es war einmal der 6. Mai 1979. George Clooney feiert seinen 18. Geburtstag, der spätere britische Premierminister und Vorzeigesozialist Tony Blair wird 26. Alfred Gusenbauer spielt nicht mehr in der Sandkiste. Norbert Darabos spielt viel Tischtennis und Fußball, und Heinz Fischer spielt bereits eine tragende Rolle in der SPÖ. Und Christian Kern? An dem geht das mehr oder weniger spurlos vorüber. Warum sollte sich ein noch nicht 13-Jähriger für all das auch in irgendeiner Weise interessieren? Der Bub aus Simmering konzentriert sich dieser Tage lieber auf seine Schul- und Hausaufgaben. Sehr brav.

Und doch war dieser 6. Mai 1979 ein besonderer Tag: In erster Linie für die Sozialistische Partei Österreichs. Und damit in gewisser Weise auch für Christian Kern. Dazu aber später.

Es war die Nationalratswahl zur XV. Gesetzgebungsperiode und eine Wahl, deren Ergebnis SPÖ-Freunden wie jenen, die der SPÖ nichts abgewinnen konnten oder können, wohl nie in Vergessenheit geraten wird:

51,03 Prozent holte die Partei um den Mann, der „Österreich größer gemacht hat, als es ist" (Zitat: BK a.D. Dr. Alfred Gusenbauer).

Bruno Kreisky hat in Anlehnung an Alfred Gusenbauer auch und vor allem die SPÖ größer gemacht. Und die 51,03 Prozent von der Nationalratswahl 1979 stehen bis heute als das beste SPÖ-Ergebnis bei Nationalratswahlen nach 1945 dick und rot unterstrichen in den Geschichtsbüchern. Freilich, so relativieren heute viele Politik-Insider: Kreisky und die Seinen hatten es viel leichter als die Sozialisten und Sozialdemokraten späterer Jahre. Stimmt.

Mit der ÖVP, die damals auf heftig bejammerte 41,90 Prozent kommen sollte, gab es in Wahrheit eine einzige wirklich ernstzunehmende Alternative und wenn für die beiden Großparteien der Nachkriegszeit 92,93 Prozent der Österreicher stimmten, dann fielen die FPÖ (6,06 Prozent) sowie die KPÖ (0,96 Prozent) fast schon unter die Wahrnehmungsgrenze.

Ja, Kreisky hatte es wirklich leichter.

Mit einem leger-lockeren Auftritt in FS 1 oder FS 2 (wie der ORF seine beiden Programm-Sender damals noch nannte) konnte man die noch nicht Media-World-übersättigten Wähler rasch in den Bann ziehen. Auf virtuellen Spielwiesen wie Facebook oder Twitter brauchte man noch ganz lange nicht herumzuspielen und die Stunde so manchen Polit-Stars der Zukunft war auch noch längst nicht gekommen. Jörg Haider, mit dem die Sozialisten und Sozialdemokraten in den späteren Jahren noch so manches blaue Wunder erleben sollten, kam 1979 mit seinen 29 Jahren gerade mal die Ehre zuteil, als jüngster FPÖ-Abgeordneter erstmals ins Parlament einziehen zu dürfen, und Heinz-Christian Strache besuchte 1979 überhaupt noch die katholische Privatschule der Neulandschulen auf dem Wiener Laaerberg. Und, dass sieben Jahre später ein Polit-Komet namens Sebastian Kurz das Licht der Welt erblicken sollte, stand nicht einmal noch in den Sternen. Was sich 1979 Kreisky und seiner SPÖ sonst so in den Weg stellte, war – wie schon gesagt - überschaubar: Die ÖVP unter Kanzlerkandidat Josef Taus. Dem Obmann der Konservativen mit Wurzeln in Wien war und ist es nicht vergönnt, als großer Entertainer und Charismatiker in die Politikgeschichte der Republik Österreich einzugehen. Die TV-Konfrontation von 1975, als Bruno Kreisky leger bis aufreizend lässig und mit dem Bügel seiner Brille spielend Taus (der in späteren Jahren als Industrieller bemerkenswerte Erfolge verzeichnen sollte) mit den Worten maßregelte: „ … tun sie bitte nicht schulmeistern …“, ist so manchen, deren Interesse an der österreichischen Innenpolitik noch in diese Zeit zurückreicht, in lebhafter Erinnerung. Egal, selbst wenn Josef Taus und die Seinen in den Siebzigern recht willige Opfer für Bruno Kreisky und die SPÖ waren: Wahlen müssen erst einmal geschlagen und gewonnen werden. Und das tat Kreisky eben für die SPÖ. Wo weiß man das besser als in der SPÖ-Zentrale in der Wiener Löwelstraße?

Dort, wo sich einst auch Bruno Kreisky nach seinen Wahltriumphen feiern ließ, genau dort galt es in den letzten Jahren und Jahrzehnten immer wieder Menschen vor die wartende Journalistenmeute zu stellen, die nach Erklärungen und Schuldigen zu suchen hatten.

Nach Erklärungen. Nach Worten.

Wie beispielsweise auch nach dem desaströsen Abschneiden des SPÖ-Kandidaten beim ersten Wahldurchgang zur Bundespräsidentenwahl 2016. Am 15. Jänner 2016 präsentierte der damalige Bundeskanzler Werner Faymann seinen persönlichen Wunschkandidaten, Rudolf Hundstorfer, als Präsidentschaftskandidaten der SPÖ. Die Ausgangslage Hundstorfers – so meinten viele politische

Beobachter – hätte besser gar nicht sein können. Zum einen konnte auf die SPÖ-Vergangenheit des davor amtierenden Bundespräsidenten Dr. Heinz Fischer, der einst für die Sozialdemokraten unter anderem als Präsident des Nationalrates diente, verwiesen werden. Zum anderen sprach noch vieles mehr für den Wunschkandidaten von Werner Faymann. Hundstorfer trat in den Wahlkampf als davor amtierender Sozialminister mit guten Beliebtheitswerten, ausgestattet mit einer vermeintlich unschlagbaren Hausmacht auf Basis seiner Vergangenheit in der Gewerkschaft und seiner Wiener Herkunft. Von links war er im Grunde nur durch den ehemaligen Vorsitzenden der Grünen, Alexander Van der Bellen, bedroht, was als Risikopotenzial aber überschaubar schien, angesichts des Umstandes, dass die Grün-Partei über Jahre mit einem eingefrorenen Wählerpotenzial rund um die Zweistelligkeitsgrenze abgestempelt war. Und am anderen Ende des politischen Spektrums tummelten sich mit dem Namensgeber eines Wiener Einkaufszentrums, dem bis dahin auch noch nicht wirklich strahlend leuchtenden dritten Nationalratspräsidenten Norbert Hofer (FPÖ), mit Erwin-Pröll-Ersatzkandidat Andreas Khol (ÖVP) und einer ehemaligen Richterin namens Irmgard Griss ebenfalls keine echten Gegner für eine SPÖ in voller Fahrt.

Bliebe da nur noch das einzig wahre Problem aus der Sicht der SPÖ (wenn man eventuell vom Umstand absieht, dass Rudolf Hundstorfer während des Wahlkampfes im Volk nie wirklich den Eindruck erwecken konnte, dass er nichts im Leben mehr will und anstrebt, als österreichischer Bundespräsident zu werden): Die SPÖ befand sich zu diesem Zeitpunkt fürwahr in voller Fahrt. In voller Fahrt bergab.

Werner Faymann war längst nicht mehr Werner Faymann. In der für Wahlkämpfe so wichtigen SPÖ Wien begann es an der einen oder anderen Ecke intern bereits zu bröckeln und vor allem war da noch das leidige Problem mit diesen Wählern. Ein Problem, mit dem sich die Kanzlerpartei des Jahres 2016 schon in den Jahren davor immer öfter herumschlagen musste (und danach). Und vor allem war nicht mehr zu leugnen, dass in Österreich – und längst nicht nur dort – eine immer stärkere Tendenz erkennbar war. Die Tendenz zur Abkehr vom Polit-Establishment. Das Nein zu den sogenannten alten Parteien. Das Nein zu denen da oben. Das Nein zur SPÖ und das Nein zur ÖVP.

Wer verneigte sich 2016 denn noch in Ehrfurcht vor dem Umstand, dass es vor allem die SPÖ und die ÖVP waren, die in den schweren Jahren der Nachkriegszeit erheblichen Anteil am sozialen und politischen Wiederaufbau der Republik Österreich hatten? Welchen Wert und welche Kraft hatte denn noch die Erinnerung an den nicht zu leugnenden Umstand, dass SPÖ und ÖVP einen elementaren Beitrag zur Restabilisierung des Landes nach 1945 leisteten, als das Land in Trümmern lag? In sieben Jahrzehnten gerät so manches in Vergessenheit, was auch nicht weiter verwundert in einem Zeitalter, in dem man den Tageszeitungsjournalisten von heute und morgen immer wieder die Theorie ins Hirn hämmert, wonach „nichts so alt sei wie die Tageszeitung von heute". Was in gewisser Weise ja auch stimmt. Der Rest ist längst österreichische Politikgeschichte:

4,279.170 Österreicher und Österreicherinnen gaben für den ersten Wahlgang am 24. April 2016 eine gültige Stimme ab und nur 482.790 WählerInnen oder 11,28 Prozent gingen damals auf das Konto von SPÖ-Bundespräsidentschaftskandidat Rudolf Hundstorfer.

Der Duden kennt dafür das Wort „Watsche“ und übersetzt es gleichzeitig mit Ohrfeige. Und was für eine Ohrfeige? Eine schallende Ohrfeige. Auch und vor allem bei einem etwas detaillierten Blick auf das Wahlergebnis. Zwar ließ SPÖ-Wunschkandidat Rudolf Hundstorfer den Namensgeber eines Wiener Einkaufszentrums hinter sich, aber ein Platz auf dem sogenannten Stockerl, auf dem nach dem ersten Wahlgang Norbert Hofer (dem ursprünglich Experten und Meinungsforscher ein Wählerpotenzial von rund 10 Prozent in Aussicht stellten), Alexander Van der Bellen und Irmgard Griss Platz fanden, war ihm nicht vergönnt. Der hauchdünne koalitionsinterne Punktesieg gegen ÖVP-Kandidat Andreas Khol (11,12 Prozent) vermochte da auch kaum den Schmerz der Kanzlerpartei zu lindern. Wissend, dass Andreas Khol definitiv nicht Wunschkandidat für die Wahl war. Die ÖVP musste nach der für sie scheinbar überraschenden Absage von Dr. Erwin Pröll überhastet nach einem Plan B suchen, um dann beim Tiroler Polit-Urgestein Andreas Khol fündig zu werden. Also verlor auch dieser Sieg im innerkoalitionären Mikrokosmos zwischen SPÖ und ÖVP rasch an Wert.

Noch schnell ein Blick in den Rückspiegel. Bei erwähnter Nationalratswahl im Jahr 1979 entfielen auf SPÖ und ÖVP in Summe 92,93 Prozent der Stimmen. Im ersten Wahlgang zur Präsidentenwahl 2016 entfielen auf die Wahlwerber von SPÖ und ÖVP in Summe 22,40 Prozent. 70,53 Prozent Wählerschwund zum koalitionären Nachdenken.

Zurück zu Rudolf Hundstorfer. Dieser konnte in keinem einzigen Bundesland Platz eins holen, in Vorarlberg rutschte er mit seinen 4,31 Prozent unter die Wahrnehmungsgrenze und vor allem standen und stehen die 12,54 Prozent, die der seinerzeitige Sozialminister und Chef-Gewerkschafter in Wien einzufahren imstande war, gleichsam als Mahnmal. 12,54 Prozent - und das für die SPÖ. Und das in Wien. Im roten Wien, wo der rote Häuptling Michael Häupl seit Jahren das Zepter schwang. 12,54 Prozent in Wien, dessen Bürger an diesem 24. April 2016 durchaus bereit waren, ihre Stimme mehr links denn mehr rechts der Mitte zu vergeben. Das wurde durch das Abschneiden von Alexander Van der Bellen belegt, der im ersten Wahlgang immerhin 32,75 Prozent der WienerInnen hinter sich zu versammeln wusste. Und vor allem der Umstand, dass die Wiener SPÖ-Institution Rudolf Hundstorfer in der Bundeshauptstadt nicht einmal halb so viele Stimmen sammeln konnte wie Norbert Hofer (27,67 Prozent), dessen FPÖ von den SPÖ-Granden in und um Wien gerne als das politische Feindbild herhalten musste bzw. durfte, schmerzte die Kanzlerpartei tief und nachhaltig. Zu tief und zu nachhaltig, wie sich bald zeigen sollte. Das Ablaufdatum jenes Mannes, der Rudolf Hundstorfer stolz und siegessicher als seinen Wunschkandidaten präsentiert hatte, war auch nicht mehr allzu weit entfernt. Dazu aber später mehr in diesem Buch.

Nun ja – 11,28 Prozent, Platz vier, ein Desaster in Wien und in drei Bundesländern als aktuelle Kanzlerpartei einstellig. 4,31 Prozent in Vorarlberg. 6,09 Prozent in Tirol. 9,84 Prozent in Salzburg. Naja, ein Ost-West-Gefälle halt, könnte man meinen. Kann man nichts machen. Augen zu und durch. Weiter geht's.

Ost-West-Gefälle? Slow down, ganz so einfach lässt sich das nicht subsumieren und analysieren. Noch bei der Salzburger Landtaswahl 2009 brachte es die SPÖ auf stattliche 39,37 Prozent und selbst höchst merkwürdige Vorkommnisse, die sich später unter dem Titel „Salzburger Finanzaffäre" zusammenfassen ließen, vermochten die Salzburger SPÖ im Land nicht tiefer als auf 23,83 Prozent schrumpfen zu lassen.

Salzburg ist nachweislich ein fruchtbarer Boden für die SPÖ. Selbst bei der ebendieser „Salzburger Finanzaffäre" folgenden Gemeindevertretungswahl am 9. März 2014 verbuchte die SPÖ 33,0 Prozent und lag meilenweit vor den politischen Mitstreitern. Also doch kein schlichtes Ost-West-Gefälle, dem Rudolf Hundstorfer im ersten Bundespräsidentschaftswahlgang zum Opfer gefallen war?

Analytisch betrachtet, wäre es aus Sicht der SPÖ ganz einfach gewesen. Das, was sich am und um den 24. April 2016 abspielte, war absehbar. Zu lange schon war die SPÖ bereits auf Talfahrt und hätte ausreichend Möglichkeiten zur Selbstreflexion gehabt. Anlässe zum Nachdenken hätte es ja ausreichend gegeben. Alleine in der Ära von Werner Faymann (2008 – 2016) mussten Parteimanager und hauptberufliche Schönredner vor die Presse und die eigenen Leute treten und 18 Niederlagen auf Bundes- bzw. Landesebene erklären. Und was für Niederlagen waren da dabei? Was musste die SPÖ da alles runterschlucken?

Minus 13,4 Prozent bei der Landtagswahl 2009 in Oberösterreich.
Minus 15,6 Prozent bei der Landtagswahl 2013 in Salzburg.
Minus 9,0 Prozent bei der Landtagswahl 2015 in der Steiermark.
Und im roten Wien schrumpfte man bei den Wahlen von 2010 und 2015 um jeweils 4,8 Prozent.

Ausreichend Anlässe also, um nachzudenken. Einzulenken. Veränderungen abseits der sonst üblichen Personalrochaden durchzuführen. Möglich, dass jene, die an den Hebeln der SPÖ sitzen, nur auf Schockwellen reagieren. Hiermit ein Versuch der bizarren Art mit einem erneuten Blick auf Bruno Kreisky:

51,03 Prozent für die SPÖ 1979 bei der Nationalratswahl mit Bundeskanzler Kreisky. 11,28 Prozent für SPÖ-Kandidat Rudolf Hundstorfer bei der Bundespräsidentenwahl 2016. Also: Rund minus 40 Prozent in 37 Jahren? Pro Jahr ein Prozent weniger und in weiterer Folge wird die SPÖ bald ganz aus der Polit-Landschaft Österreichs verschwinden? Eine einfache Kopfrechnung für Volksschüler? Oder Gesamtschüler? Nein, Unsinn.

So schlimm wird es wohl nicht kommen für die SPÖ, aber Gründe, nachzudenken und zu analysieren bestehen zuhauf. Eine anerkannte Polit-Insiderin, die aus gutem Grund nicht genannt werden möchte, sieht in ihrer Analyse eine Reihe von Phänomenen und Ereignissen, die der SPÖ (und auch anderen traditionellen Parteien) starken Gegenwind bescheren: „Ich erkenne eine komplett aggressive Ablehnung der Politik im Gesamten. Eine Ablehnung, die auch die Medien miteinschließt und im Laufe der Jahre hat sich halt eine Stimmung aufgebaut, die immer weiter geht. Man muss ja auch nur schauen, wie in den USA ein Donald Trump zustande gekommen ist und auch das Beispiel von Emmanuel Macron in Frankreich zeigt uns klar und deutlich, dass es Parteien alten Zuschnitts immer schwerer haben werden." Auch der gesamte Bereich der sozialen Medien spiele der SPÖ, so die Insiderin, in den letzten Jahren nicht wirklich in die Karten und vor allem baue sich immer mehr eine negative Grundstimmung auf: „Die da oben haben mit den Sorgen von uns da unten nichts zu tun." Ein bzw. das Kernproblem der SPÖ in den letzten Jahren sei aber sicher auch das große und alles beherrschende Thema der Ausländerpolitik und der Integration gewesen: „Da sind die SPÖ-Wähler halt in Scharen zur FPÖ abgewandert, weil sie sich dort in ihren Sorgen und Ängsten ernst genommen gefühlt haben."

Kein Problem damit, zitiert zu werden, hat Peter Westenthaler. Einst Wegbegleiter von Jörg Haider, vormals Nationalrat, 2005 mit dem „Großen Goldenen Ehrenzeichen mit dem Stern für Verdienste um die Republik Österreich“ ausgezeichnet und im Großen und Ganzen als Polit-Insider (ohne Nähe zur SPÖ) zu bezeichnen, ist Westenthaler heute Gründer und Geschäftsführer des Consulting-Unternehmens Wescon GmbH. Politisch neutral betrachtet, ist er Staatsbürger und Wähler mit dem Recht, seine eigene Meinung zu haben und zu äußern. Was er hiermit tut: „Die SPÖ an sich ist irgendwo in den 80er-Jahren stehen geblieben. Man kann ja generell beobachten, dass Parteien alten Zuschnitts de facto ausgedient haben und sich die Frage aufdrängt: Was kann an die Stelle traditioneller Parteien treten? Die SPÖ hat genau diese Entwicklung völlig verschlafen. Seit Franz Vranitzky war alles mehr oder weniger auf eine Person zugeschnitten. Franz Vranitzky, Viktor Klima, dann Alfred Gusenbauer. Und dann schaute halt alles auf Christian Kern“, fällt die erste Schnellanalyse Westenthalers aus. In all diesen Zeiten habe man in der SPÖ aber vergessen, sich selbst auch zu erneuern und attraktive Angebote an die Wähler zu stellen. Konkret sagt Peter Westenthaler: „Das beste Beispiel für diese Verschlafenheit ist das SPÖ-übliche Prozedere rund um den traditionellen 1. Mai. Das ist so was von antiquiert und unbelegt von jeglicher Modernisierung. Das kenne ich sonst nur mehr von der KPdSU in Moskau. Oben auf dem Podium steht die Klasse, unten steht die Masse.“ Einen Unterschied zur KPdSU und auch zu den Zeiten von Bruno Kreisky will Westenthaler im Zusammenhang mit dem 1. Mai aber schon betonen: „Zu Zeiten eines Bruno Kreisky war der Rathausplatz noch wirklich voll. Jetzt gehen halt ein paar Menschengruppen permanent im Kreis, um den Eindruck eines vollen Platzes zu erwecken. Das bietet ein Bild der Verkrustung und es hat mich schon sehr verwundert, dass sich ein Christian Kern, dem ja ein gewisser Modernisierungsversuch nachgesagt wird, dann auch dort oben hinstellt und mit einem roten Tüchel runterwinkt.“ Dass ein erheblicher Teil der abtrünnig gewordenen SPÖ-Wähler in den Schoß der FPÖ geflüchtet ist, sieht auch Peter Westenthaler als gegeben:

„Ja, glaubt man Statistiken, sind diese SPÖ-Wähler in erster Linie bei der FPÖ gelandet.“ Und dann, so Westenthaler weiter, sei den Sozialdemokraten ein fatales Eigentor passiert: „Weil man die eigenen Ex-Wähler, anstatt ihnen ein neues und besseres Angebot zu machen, als Rechtsextreme beleidigt und beschimpft hat. Für mich ist das einzigartig in Europa, so mit den eigenen ehemaligen Wählern umzugehen.“

Dass sich darüber hinaus heute ein erheblicher Teil der einstigen SPÖ-Wählerschaft in der Gruppe der Nicht-Wähler wiederfindet, ist unbestreitbar. Die Diagnose von Westenthaler: „Viele Ex-SPÖ-Wähler sehen keinen Sinn mehr darin, die SPÖ zu wählen. Der frühere Leitsatz von Fred Sinowatz, dass du ohne Partei nichts bist, hat längst keine Gültigkeit mehr. Die Versorgungsmechanismen der 70er- und 80er-Jahre funktionieren nicht mehr. Da hast du als SPÖ-Parteibuch-Besitzer noch fest daran geglaubt: Die Partei schaut schon drauf, dass ich eine Wohnung und einen Job habe - das gibt es alles nicht mehr. Wenn du in Österreich rund 500.000 Arbeitslose hast, gibt es keine Versprechen mehr, dass du mit einem Parteibuch einen Job bekommst. Zumindest keine, die halten.“

Dr. Peter Hajek, Geschäftsführer und Eigentümer von Peter Hajek Public Opinion Strategies, gilt in Österreich als einer jener Experten, die oft und gerne zurate gezogen werden. Hajek ist Politikwissenschafter, Markt- und Meinungsforscher und ausgestattet mit einem Höchstmaß an Erfahrung in Österreich und bei den Vereinten

Nationen in New York. Dr. Hajek nimmt Anleihe beim legendären US-Politologen Ronald Inglehart („The Silent revolution") und dessen Theorien zum Wertewandel. Aus der alten Linken werden die neuen Rechten, aus den alten Rechten wird eine neue Linke und auf die sich daraus ergebenden neuen Bedürfnisse müsse die Politik von heute eben reagieren. Berühmt wurde Ronald Inglehart in den 70er-Jahren. Und ebendieser Wertewandel halte eben teilweise bis heute an, ist Dr. Peter Hajek überzeugt. „Nehmen wir das Beispiel der Pensionen", führt Hajek aus. „Viele junge Menschen glauben heute nicht mehr, dass sie eines Tages eine Pension vom Staat bekommen werden. Die SPÖ hält seit Jahren dagegen und sagt, alles ok, die Pensionen sind gesichert. Das ist aber keine Antwort. Ich muss mich als Partei einfach den Befindlichkeiten der Menschen stellen und akzeptieren, dass sie das halt anders sehen." Dieses Beispiel der Pensionen ziehe sich wie ein roter Faden durch die Politik der SPÖ. Hajek weiter: „Du musst sagen, lieber Wähler: Wir wollen uns gemeinsam mit dir weiterentwickeln. Die Menschen sind einfach kritischer geworden."

Einen großen Teil des Wählerverlusts der letzten Jahre schreibt Peter Hajek aber ebenfalls dem Themenbereich der Zuwanderung und der Migration zu: „Da fühlen sich die Wähler mit ihren Ängsten und Sorgen von der SPÖ nicht abgeholt und nicht ernst genommen." Kritiker und selbst Freunde der SPÖ sehen auch im Umgang mit den neuen, mit den sozialen Medien wie Facebook eine erhebliche Schwachstelle der Partei. Alleine bei den Facebook-Likes (Stand: Herbst 2017) hinkte der SPÖ-Kanzler Christian Kern weit hinter ÖVP-Frontmann Sebastian Kurz und vor allem hinter Heinz-Christian Strache her. Kern kam da gerade Mal auf rund ein Drittel der Likes von HC Strache, gleichsam Nachfolger bzw. Erbe Jörg Haiders und somit ein rotes Tuch für SPÖ-Sympathisanten und SPÖ-Politiker. „Das ist aber nicht dramatisch und sicher aufholbar“, schätzt Dr. Peter Hajek.

Peter Westenthaler glaubt im Bereich der sozialen Medien aber sehr wohl, eine dramatische Schwäche der SPÖ vor allem im Duell mit der FPÖ zu erkennen: „Der Übergang in die Welt der sozialen Medien wurde von der SPÖ völlig verschlafen. Da ist der HC Strache halt ein Weltmeister. Der braucht die klassischen und traditionellen Medien auch gar nicht mehr. Er hat seine eigene Medienwelt inklusive FPÖ-TV geschaffen und kann dort 24 Stunden am Tag ungefiltert seine Botschaften an die Wähler bringen.“ Da hinke die SPÖ dramatisch hinterher, sagt Peter Westenthaler. Und weiter: „Eine Partei wie die SPÖ muss wissen, dass die Menschen und Wähler in einer schnellen Zeit leben. Du hast 100 Informationen pro Tag. Da ist ein perfektes Medienmanagement absolut unerlässlich.“

Freilich, um noch einmal den Bogen zu Bruno Kreisky zu spannen. Damals in den 70er-Jahren war in der Tat alles einfacher. Oder vieles. Facebook? Twitter? Wie bitte?

Mit all diesen (bösen) (Zeit-)Geistern mussten sich ein Bruno Kreisky und die Seinen wahrlich nicht herumplagen. Da reichte es, ab und zu ein wenig Druck Richtung ORF-Zentrum auszuüben und das eine oder andere väterlich belehrende Gespräch mit dem Chefredakteur einer Tageszeitung tat schon das Übrige. Die Hoheit über die Medien und deren Macher zelebrierte Kreisky am Höhepunkt seiner Macht noch in der ihm eigenen Art und Weise. Legendär sein Zitat, mit dem er ORF-Redakteur Ulrich Brunner am 24. Februar 1981 vor laufender Kamera maßregelte: „Lernen S‘ a bisserl Geschichte, Herr Reporter!“ Dass er damals in der Sache gegenüber dem Journalisten, der darüber hinaus als recht treuer Sozialdemokrat einzustufen war, unrecht hatte, interessierte keinen Menschen. Widerspruch? Gegen Kreisky? Unvorstellbar. Undenkbar, eine Szene wie die eben geschilderte in die Zeit von heute und morgen zu übertragen. Ein paar mediale Faktenchecks später wäre ein Politiker mit dem Verhaltensmuster der 70er- und 80er-Jahre schnell der Lächerlichkeit preisgegeben.

Ja, es hat sich eben sehr viel geändert in den letzten Jahrzehnten. Die Gedanken an die bewegten 30er-Jahre, wo auch die Idee des Proporzes geboren und glaubhaft damit begründet wurde, jegliche Form eines Bürgerkrieges und jede Form von Extremismus künftig dadurch zu unterbinden, dass man schön brav die Macht (und später die Jobs) zwischen SPÖ und ÖVP aufteile, sind längst verblasst. Vieles ist nicht mehr. Vieles wird auch nie mehr sein. Auch die ursprüngliche – man nennt es auch gerne – Existenzberechtigung einer Partei wie der SPÖ besteht schlichtweg nicht mehr. Zeiten, in denen sich Bürger (wie bereits zitiert) darauf verlassen können, in ihren Grundbedürfnissen (Arbeit, Wohnung, Essen und Sicherheit) zu 100 Prozent auf heute als „alte Parteien“ schubladisierte Institutionen vertrauen zu dürfen, sind für immer vorbei. Und wiewohl Europa gepflastert scheint mit ausrangierten hochrangigen Sozialdemokraten, die das von vielen bereits vorhergesagte und oft zitierte „Ende der Sozialdemokratie in Europa“ im besten Fall verlangsamen, aber doch nicht verhindern konnten und wiewohl diese Liste auch einstige Größen der internationalen Sozialdemokratie wie Gerhard Schröder (Deutschland), François Hollande (Frankreich) bis hin zu Tony Blair (Großbritannien) umfasst, wird die SPÖ in Österreich nicht so schnell von der politischen Landkarte verschwinden. Höhenflüge sollte man ihr aber auch nicht vorhersagen.

Meint zumindest Peter Rabl.

Peter Rabl gilt unabhängig von Weltanschauungen, also parteiübergreifend, als politische Instanz. Und als einer der bedeutendsten Politikjournalisten des Landes. Er arbeitete bei PROFIL, bei den Niederösterreichischen Nachrichten, leitete Diskussionssendungen des ORF und vor allem steht sein Name bei der Tageszeitung KURIER wohl in alle Ewigkeit in Stein gemeißelt. Dort wachküsste und entwickelte er als Chefredakteur und Herausgeber besagtes Blatt in den Jahren 1993 bis 2005 in einer Weise, dass bis heute Wegbegleiter und Kollegen des KURIER die Zeit unter und mit Peter Rabl als die (letzte?) große und goldene Ära des Blattes bezeichnen. Ausgestattet mit der Macht und mit der Bedeutung von rund 1,000.000 Lesern. Und begleitet mit dem Rückenwind aus Wirtschaft und dem Ruf, die Qualitätszeitung Österreichs zu sein. Peter Rabl bringt es schnell auf den Punkt: „Die Zeit der früheren Großparteien SPÖ und ÖVP ist endgültig vorbei. Die Wähler haben sich verflüchtigt und sind zur FPÖ oder zu den Grünen abgewandert." Und Peter Rabl geht ins Detail, was den Zustand der SPÖ betrifft: „Es geht nicht nur um einen Wählerschwund, die SPÖ muss ja seit Jahren auch einen erheblichen Mitgliederschwund verkraften. Zum einen haben die Menschen früher aus familiärer Tradition gewählt. Das fällt heute weg. Und zum anderen funktioniert das System der Geschenke und Versorgung für Wähler und Mitglieder nicht mehr."

Rabl präzisiert in diesem Punkt ähnlich wie Peter Westenthaler: „Die Menschen wissen, dass ihnen die Partei keine Jobs und keine Wohnung mehr garantieren kann. Und: Ein weiterer Punkt für den starken Wählerverlust in den vergangenen Jahrzehnten liegt sicher darin, dass die Partei auf die Umbrüche in den letzten Jahren nicht entsprechend reagiert hat, sondern mehr damit beschäftigt war, sich um sich selbst, um ihre Interessen und um die eigenen Funktionäre zu kümmern."

Und der Journalist und wirtschaftspolitische Sachbuchautor („Der Unwohlfahrtsstaat: Hat unser System noch Zukunft?") spricht ein weiteres Thema an, das bei der SPÖ, wie viele meinen, bis heute fast traumatische Spätfolgen zeigt: „Dann kam auch noch Jörg Haider und hat die Zuwanderung zum Thema gemacht."

Einen etwas weniger dramatischen Befund liefert in diesem Zusammenhang ein Mann, dem man keine übertriebene Nähe zur SPÖ unterstellen kann: Reinhold Lopatka. Der steirische ÖVP-Politiker ist auf jeden Fall ein Mann, der schon so manchen Winter in der heimischen Politik überstanden hat. Er war Staatssekretär für Finanzen, Sport-Staatssekretär, Klubchef der ÖVP im Nationalrat. Und stets ein streitbarer Mann. Er sieht den nicht zu leugnenden Wählerschwund der SPÖ (der ja auch vor seiner eigenen Partei nicht immer Halt machte) in gewisser Weise entwicklungsbedingt und auch er kommt an die Weggabelung zu Jörg Haider.

„Österreich war zwischen 1945 und 1986 so stabil, dass es schon als statisch einzustufen war. ÖVP und SPÖ haben bei allen Bundeswahlen immer zwischen 90 und 95 Prozent geschafft. Dieser Umstand, gestützt durch die Sozialpartner, wurde erst durch Jörg Haider aufgebrochen. Dann kamen noch die Grünen in das Parlament und so ist im Laufe der Jahre eine Art demokratische Normalisierung entstanden."

Als dramatisch stuft Reinhold Lopatka diese Entwicklungen der letzten Jahre und Jahrzehnte aber nicht ein: „Diese Form der europäischen Normalisierung hat halt die Macht von SPÖ und ÖVP geschwächt. Man darf aber auch nicht vergessen, dass unser System in Österreich nach wie vor ein sehr stabiles ist. Und die ÖVP sitzt als einzige Partei aller 28 EU-Mitgliedsstaaten seit 1986 ohne

Unterbrechung in der Regierung. Das belegt die Stabilität unseres politischen Systems."

Eine, die sehr genau weiß, wie es in der SPÖ und mit der SPÖ aussieht, ist Daniela Holzinger-Vogtenhuber. Die Oberösterreicherin hat mit der Ära Bruno Kreisky schon alleine auf Grund ihres Geburtsjahres (1987) nicht mehr wirklich viel zu tun und ist nachweislich dennoch, was man eine gestandene Sozialdemokratin nennt. 2009, also im (politisch) zarten Alter von 22 Jahren, zog sie als sozialdemokratisches Mitglied in den Gemeinderat von Gampern (im Hausruckviertel) ein. 2012 wurde sie bereits zur assistierenden Geschäftsführerin des Sozialdemokratischen Wirtschaftsverbandes für Oberösterreich. Darüber hinaus zog sie 2009 in den Vorstand der Kinderfreunde (eine Partnerorganisation der SPÖ) in Gampern ein. Eine steile Karriere und eine, die stets nach oben ging. No Limits würde man geneigt sein, zu sagen. Eine Karriere, die auf jeden Fall Anlass gab, Daniela Holzinger-Vogtenhuber bundesweit als sogenannte Zukunftshoffnung der SPÖ einzustufen.

2013 zog sie nach einem höchst couragierten Wahlkampf in den Nationalrat ein und fand später auch Aufnahme im SPÖ-Team für den prestigeträchtigen Eurofighter-Untersuchungsausschuss. Heute ist alles anders. Viele persönliche Erfahrungen und noch mehr Enttäuschungen später (dazu an anderer Stelle in diesem Buch noch mehr) gab Holzinger-Vogtenhuber im April 2017 in einer bewegenden und aufrüttelnden Facebook-Botschaft bekannt, sich nicht mehr um ein Nationalratsmandat der SPÖ zu bemühen.

Sie hat sich in all den Jahren ein eigenes Bild zur Politik und zur SPÖ im Speziellen gemacht. Der SPÖ von heute stellt sie (und auch dazu noch mehr in weiteren Kapiteln dieses Buches) ein – fast noch höflich gesagt – vernichtendes Urteil aus. So sagt die junge Frau aus Oberösterreich etwa auf die Frage, woran es denn liegen könnte, dass die SPÖ in den letzten Jahren und Jahrzehnten so massiv an Zuspruch und Wählerunterstützung verloren habe, höchst Bemerkenswertes. Und Durchdachtes. Sie holt etwas weiter aus und meint zunächst anerkennend:

„Die Geschichte der Sozialdemokratie als Produkt sozialer Verwerfungen im Zuge der Industriellen Revolution ist geprägt vom Kampf für Demokratisierung, soziale Gerechtigkeit, Friede und Teilhabe. Dabei ist es neben der Einführung des allgemeinen Wahlrechts gelungen, umfangreiche Arbeitsschutzbestimmungen und ein vergleichsweise inklusives und hochwertiges Bildungssystem aufzubauen. Dazu kommen, noch auf der Seite der Verdienste, die Sicherstellung individueller Freiheiten und der Menschenrechte als Fundament unserer Gesellschaft. Zweifellos also große Leistungen und Errungenschaften, für die wir heute dankbar sein müssen und ohne die ein modernes Staatswesen nicht möglich wäre."

So weit, so gut. Aber: Holzinger-Vogtenhuber ergänzt: „Politik, die erfolgreich sein will, darf sich jedoch nicht mit dem Blick in die Vergangenheit begründen, sondern muss den Anspruch erheben, Gegenwart und Zukunft zu gestalten. Zu diesem Schritt war die SPÖ nicht fähig." Und der Befund der SPÖ-Insiderin wird dunkler und dunkler: „Nach dem Erreichen des Grenznutzens ihrer Forderungen verliert sich die SPÖ seit Mitte der 80er-Jahre immer mehr in inhaltlicher Leere und erstarrt zu einer Partei des Selbstzwecks." Offenbar – so interpretiert man Holzinger-Vogtenhuber – habe der Kampf und der Einsatz zugunsten anderer, zugunsten des Landes keine Zukunft mehr in der Sozialdemokratie. Er mache Platz für einen anderen Kampf. Holzinger-Vogtenhuber präzisiert: „Wenn man keine Demokratie mehr erkämpfen und keine Arbeiter mehr aus der Armut befreien kann, bleibt nur mehr der Kampf um Einfluss und Posten. Ein Kampf, der darüber hinaus nicht mehr durch die Unterstützung der Massen und zum Wohle aller, sondern vielmehr durch Unterstützung von Werbeagenturen auf Kosten der SteuerzahlerInnen und lediglich zum Wohle einiger SpitzenfunktionärInnen und Vertragsnehmer geführt wird. Aber auch die beste Werbeagentur als Herzschrittmacher kann über diesen kritischen Allgemeinzustand nicht hinwegtäuschen." Nein, absolut nicht und vor allem auch nicht wirklich wirksam. Die SPÖ-Abgeordnete holt weiter aus: „Die Getriebenheit der Partei ist ein guter Indikator. Hören Sie sich doch einmal an, wie oft davon gesprochen wird, ‚dass wir jetzt müssen', dass Politiker und bestimmte Personen ‚alternativlos' wären und wie selten wird eigentlich noch davon geredet, was ‚wir wollen'."

Aus Holzinger-Vogtenhuber spricht Erfahrung und Enttäuschung, ihr Schritt, ihren spektakulären Rückzug aus der SPÖ-Politik ausgerechnet via Facebook selbst zu inszenieren, scheint wohlüberlegt. In den herkömmlichen, klassischen oder – negativ formuliert - alten Medien gibt es oft kein Durchkommen mehr. Zumindest nicht für alle, wie es scheint.

Abhängigkeit von Geldgebern, von Konzernen, von Banken und von Parteien haben den Medien vielerorts den Zahn gezogen. Auf einem Auge blind gemacht. Oder doch nicht? Dem ORF beispielsweise werfen immer wieder zahlreiche Politiker, WählerInnen und Menschen mit hoher Polit-Affinität seit Jahren Abhängigkeit und klar erkennbare Farbenlehre vor. Was mediengeübte Denker und Lenker wie eben Bruno Kreisky bis an die Grenzen der Zumutbarkeit auszunutzen wussten.

Wird ein Sebastian Kurz, aus welchen Gründen auch immer, an zwei aufeinanderfolgenden Tagen im ORF interviewt, stehen (wie man hört) am Wiener Küniglberg die Telefone nicht mehr still und die Portiere legen meist schon den Hörer neben sich hin, um sich nicht allfällige Anti-ÖVP-Orgien oder Kurz-Beschimpfungen länger anhören zu müssen. Der Vorwurf, der ORF sei intensiver denn je SPÖ-dominiert, kehrt immer wieder zurück. Womit wir wieder bei Starjournalist und Autor Peter Rabl wären. Ebenden hätten seinerzeit manche sehr gerne an der Spitze des ORF als Generalintendanten gesehen. Und er spricht im Zusammenhang mit dem ORF Worte aus, zu denen bis dato noch kein als unabhängig eingestufter Medienvertreter den Mut hatte:

„In den Redaktionen herrscht dort eine breite linksliberale Mehrheit mit Betonung auf liberal und es besteht eine grundsätzlich ablehnende Haltung gegenüber der FPÖ. Das wird für den ORF zu einem immer größeren Problem. Vor allem an der Schnittstelle zwischen ORF und sozialen Medien. Wenn ein ORF-Redakteur am Vormittag einen bösen Blog über die FPÖ schreibt und am Abend als objektiver Journalist im Studio sitzt und Interviews macht, wird das langfristig zu einem Glaubwürdigkeitsproblem für den ORF werden."

Ein Vorwurf, den man beim ORF nicht gerne hören und lesen wird. Ein Vorwurf, der aber vor allem eine Frage nicht beantwortet: Wenn dem wirklich so ist, dass in mächtigen Redaktionsstuben nach wie vor zahlreiche höchst SPÖ-affine Meinungsmacher und Meinungsäußerer sitzen, warum geht es Bruno Kreiskys Erben dann (trotz medialer Unterstützung) tatsächlich dermaßen schlecht?

Eine Frage, die sich nicht von heute auf morgen klären und beantworten lässt. Aber vielleicht gibt ja eine Reise in die Vergangenheit

Aufschluss. Also, wir bereiten uns auf die Silvesterfeierlichkeiten vor. Auf den Jahreswechsel von 1888 auf 1889 . . .

Hainfeld

Wo die Wiege der SPÖ steht
und der schwere Weg vorbei an Jörg Haider

Victor Adler – und: Warum sich die Erben und Verwalter des Babys aus Hainfeld so schwergetan haben, die Sozialdemokratie am Leben zu halten

Fahren Sie von der Parteizentrale der SPÖ in der Wiener Löwelstraße hinaus auf den Ring, dann runter auf den Kai und weiter auf die Autobahn Richtung Linz. Nehmen Sie die Außenringautobahn und bei Mayerling fahren Sie ab. Einmal in Mayerling, nutzen Sie gleich die Gelegenheit, das Jagdschloss in Mayerling bei Alland zu besuchen. Um dieses rankt sich eine abenteuerliche Geschichte.

Das seit dem Jahr 1550 im Besitz des Stift Heiligenkreuz befindliche Anwesen wurde 1886 von Kronprinz Rudolf erworben und zum Jagdschloss umgebaut. In der Nacht zum 30. Jänner 1889 starb hier der österreichisch-ungarische Thronfolger, Kronprinz Rudolf, gemeinsam mit seiner Geliebten Mary Vetsera. Die näheren Umstände sind bis heute ungeklärt, da der Wiener Hof damals Schlüsseldokumente vernichtete und Zeitzeugen zum Schweigen verpflichtet hatte. Nach dem aktuellen Stand der Forschung erschoss der unter Depressionen leidende Rudolf zunächst seine Geliebte, die noch nicht einmal 18-jährige Baronesse Vetsera. Dann tötete er sich selbst durch einen Kopfschuss.

Aufgeladen mit der Energie, damit noch mehr über Österreichs Geschichte (noch dazu knapp nach Gründung der SPÖ) zu wissen, fahren Sie über den Hafnerberg, biegen rechts ab Richtung Altenmarkt/Triesting und weiter in das malerisch schöne Kaumberg im Triestingtal, wo die SPÖ seit Menschengedenken nur die Nummer drei in der Parteienlandschaft hinter der ÖVP und der FPÖ ist. Willkommen im Bezirk Lilienfeld. Dann noch über den Gerichtsberg und schon sind Sie im Gölsental. Und in Hainfeld. Auch Hainfeld – in Summe nicht viel mehr als eine Autostunde von Wien entfernt – ist einen Ausflug wert. Eine nette Wandergegend, ein Museum, ein Schwimmbad, Tennisplätze und Freunde der Leichtathletik kennen Hainfeld auch als Austragungsort eines kleinen, aber feinen Leichtathletik-Meetings. Und sonst? Hainfeld? Stimmt, da war doch was.

Und nicht irgendwas. Was genau, darüber gibt die SPÖ-Website detailliert Auskunft:

„Es geschah in den Tagen vom 30.12.1888 bis zum 1.1.1889 im niederösterreichischen Hainfeld. Victor Adler schaffte die Einigung zwischen den verschiedenen Strömungen der österreichischen ArbeiterInnenbewegung und rief damit eine geeinte Sozialdemokratische Bewegung ins Leben.“

Hainfeld – wo die Wiege der SPÖ stand.

Und die SPÖ liefert online und mit einem erheblichen Maß an Stolz Informationen über Informationen. Lebendige Geschichte.

„Zum Hainfelder Parteitag waren 110 Delegierte aus Wien und allen Kronländern – mit Ausnahme Dalmatiens – geladen worden; die 73 erschienenen, stimmberechtigten Delegierten beschlossen hier die

Gründung einer neuen sozialdemokratischen Partei und verabschiedeten die von Victor Adler verfasste und von Karl Kautsky gebilligte ‚Prinzipien-Erklärung'."

Tradition verpflichtet, wie man weiß.

In Hainfeld – im Herzen jenes Niederösterreich, in dem sich die SPÖ seit Jahren und Jahrzehnten so immens schwer tut, ist alles ein wenig anders. Wo ein Erwin Pröll ein Vierteljahrhundert am Regiepult stand, dort wächst nicht leicht ein rotes Gras. Das wertet die Erfolge der SPÖ Hainfeld zusätzlich auf. Auch und vor allem politisch anders ist Hainfeld fürwahr. Ganz und gar unniederösterreichisch, wenn man so will. Die SPÖ regierte nach der Gemeinderatswahl im Jahr 2015 mit einer satten absoluten Mehrheit von 15 (bei insgesamt 23) Mandaten. Der Dominanz noch nicht genug, gewann die Partei bei erwähnter Gemeinderatswahl im Jahr 2015 5,11 Prozent dazu und stockte so auf 65,36 Prozent auf. In Mandaten liest sich das exakt so: 15 SPÖ, 6 ÖVP, 2 FPÖ. Victor Adler lässt grüßen.

Oder steckt doch mehr dahinter? Eine Frage, der man einfach nachgehen muss, will man noch mehr von der SPÖ und vor allem über die Wurzeln der SPÖ wissen. Im Rathaus von Hainfeld hat Albert Pitterle das Sagen. Seit 1997 ist der ÖBB-Angestellte Bürgermeister rund 4.000 Einwohner zählenden Stadt. Er entspricht noch genau jenem Bild des Bürgermeisters aus ländlichen Regionen, den man auch anfassen kann. Und anrufen. Seine Handynummer ist dem Telefonbuch und der Website der Stadt Hainfeld (www.hainfeld.at) zu entnehmen. Das erinnert ein wenig an Bruno Kreisky, dessen Festnetznummer seinerzeit ebenfalls dem öffentlichen Telefonbuch entnommen werden konnte.

Noch ehe man in sein gemütliches, aber definitiv nicht ausuferndes Büro gelangt, stolpert man bereits über Victor Adler. Oder, um es wahrheitsnäher zu formulieren, über ein Bild Victor Adlers im bürgermeisterlichen Vorzimmer. Also rein in die Spurensuche nach den Wurzeln der SPÖ, nach den Inhalten von gestern und morgen, nach den Wählern, die den Sozialdemokraten in den letzten Jahrzehnten (außerhalb von Hainfeld) so in Scharen abhandengekommen sind.

Albert Pitterle kommt der Bitte nach einem Interview für das vorliegende Buchprojekt gerne nach. Albert Pitterle, ausgestattet mit dem Selbstbewusstsein eines Mannes und Politikers, das sich auf ganz natürliche Weise entwickelt, wenn man zwei Drittel der eigenen Bevölkerung hinter sich weiß.

Herr Bürgermeister, Sie regieren hier im Jahr 2017 mit einer mehr als soliden Mehrheit von über 65 Prozent. Was genau machen Sie besser als der Rest ihrer Partei in Österreich?

„Das lässt sich halt überhaupt nicht vergleichen. Ich bin Kommunalpolitiker, es geht um kommunale Einrichtungen, um die Finanzen der Stadt, um Sozialprojekte für die Bevölkerung. Auf Landes- und Bundesebene geht es doch um ganz andere Themen. Wir kommen der Bevölkerung viel näher."

Wie gut ist Ihr Erinnerungsvermögen? Hat es in Hainfeld je eine Kommunalwahl gegeben, bei der die SPÖ nicht als Sieger hervorgegangen ist?

„Ja, 1946. Damals endete es, glaube ich, so: SPÖ und ÖVP je sieben Mandate und die KPÖ eines. Aber den Bürgermeister hat immer die SPÖ gestellt."

Wie viel Victor Adler steckt noch in Hainfeld?

„Nun, der Einigungsparteitag hat in Hainfeld stattgefunden. Es gibt jetzt eine Neufassung der Protokolle von damals, es gibt ein Denkmal und einen Victor-Adler-Platz. Und wir haben im Hainfelder Stadtmuseum eine eigene Abteilung für Victor Adler eingerichtet. Ich beobachte aber schon auch immer wieder, dass man den Namen Victor Adler auch in viel mehr Regionen Österreichs mit Hainfeld verbindet. Noch wichtiger ist mir aber, wie viel seiner Politik, seiner Ideen und Programme hier noch in Hainfeld steckt. Schon damals ging es um die grundsätzliche Auseinandersetzung mit den Themen Arbeit und Arbeitsrechte und wir halten diese klassischen sozialdemokratischen Themen und Inhalte bis heute hoch. Sei es beim Essen auf Rädern, bei der Heimhilfe oder auch bei der ganztätigen Kinderbetreuung."

Profitieren Sie auch davon, dass Kommunalpolitik einfacher ist als Landes- oder Bundespolitik?

„Kommunalpolitik ist definitiv nicht einfacher. Sie ist anders und auf ihre Weise extrem fordernd. Du bist 24 Stunden am Tag, 7 Tage die Woche und 365 Tage pro Jahr für die Menschen da. Du stehst unter Dauerbeobachtung und musst die tagtäglichen Probleme tagtäglich lösen. In der Landes- und Bundespolitik löst Du tagtäglich gar keine Probleme. Das dauert alles viel länger, muss durch zig Begutachtungen. Meine Handynummer ist den Menschen hier bekannt. Sie rufen oft wegen der normalsten und einfachsten Dinge an. Und oft kann ich auch schnell helfen und sei es damit, die Menschen in der Stadt mit einer wichtigen Telefonnummer zu versorgen. Aber das stört mich nicht. Für mich ist das politischer Alltag. Das mache ich gerne."

Und, wenn wir jetzt einmal Richtung Bundes-SPÖ schauen. Sie regieren hier mit über 65 Prozent und die bundesweite Erwartungshaltung der SPÖ liegt in diesen Jahren immer bei etwa 30 Prozent. Was ist da schiefgelaufen in den letzten Jahren?

„Irgendwie habe ich den Eindruck, dass sich die SPÖ seit ungefähr 1999 wegbewegt hat von der Arbeiterbewegung und ich finde, genau diese Themen, die uns einmal so stark gemacht haben, müssen wieder zu unseren Schwerpunkten werden. Es geht den Menschen in erster Linie um Arbeit, um Arbeitsrecht, um Bildung, um die Kinder und deren Schulen. Wir müssen unsere Kernpositionen wie Pensionen und Krankenabsicherung wieder stärker in den Vordergrund stellen. Kehrt die SPÖ zu diesen Schwerpunkten zurück, berührt sie die Bürger. Wenn es um Themen der Arbeit geht, müssen die Menschen das Gefühl haben, dass die SPÖ ihre Heimat ist. Ich sehe fast 95 Prozent der österreichischen Bevölkerung als unsere Zielgruppe an und diesen 95 Prozent müssen wir das Gefühl geben, uns um sie zu kümmern."

Nach all dem, was Sie sagen entsteht der Eindruck, dass die SPÖ und möglicher Weise auch andere Parteien in Bund und Land zu wenig nahe am Bürger sind. Deckt sich das mit Ihrem Eindruck?

„Ok, man darf auch nicht vergessen, dass man das nicht mit Hainfeld vergleichen kann. Es gibt Wahlkreise in Österreich mit rund 100.000 Menschen. Da kannst Du nicht ständig alle erreichen, aber einen Vorwurf muss ich der SPÖ schon machen: Viele in der Partei reden zu viel mit ihren eigenen Funktionären, leben in ihren eigenen Netzwerken. Immer dieselben Leute um sich. Wir müssen raus zur Bevölkerung, direkt an die Bevölkerung. Das hat mir in den letzten Jahren gefehlt."

Welche Grundeinstellung haben Sie zur EU?

„Ich finde es grundsätzlich gut, dass es diese europäische Vereinigung gibt. Wir haben eine gemeinsame Währung und gewisse Probleme kann man innerhalb der EU besser lösen. Wir wollen keine Grenzen im erweiterten Sinn und wir wollen eine gemeinsame Heimat. Auf der anderen Seite bekenne ich mich ganz klar dazu, in erster Linie Hainfelder zu sein. Dann bin ich Österreicher und erst dann Europäer. Die Menschen in unserem Land wollen einfach nicht, dass alle Grenzen verschwinden und verschwimmen. Das Elsass ist eine traumhafte Region und wenn ich nach Frankreich reise, will ich Frankreich und das französische Flair spüren. Die Leute können nichts damit anfangen, dass in allen Supermärkten in Österreich, Frankreich und sonst wo die gleichen Dinge im Regal stehen. Jedes Land hat seine eigene Kultur, seine Eigenheiten. Das müssen wir uns bewahren."

Die Gemeinderatswahl 2015 fand in gesichertem Abstand zur späteren Flüchtlingskrise desselben Jahres statt. Wie wäre die Wahl nach dieser Flüchtlingsbewegung für die SPÖ ausgegangen?

„Das hätte auf das Wahlergebnis in Hainfeld Null Auswirkungen gehabt. Unsere Bevölkerung ist schon immer sehr gut mit dem Thema umgegangen. Wir hatten stets einen sehr hohen Anteil an Asylwerbern bei uns. Damit haben wir kein Problem. Aber natürlich haben auch wir damals sehr genau beobachtet, was in Europa passiert ist. Dass Tausende an den Grenzen im Burgenland gestanden sind und dass sie auch noch von Bundespräsident Heinz Fischer herzlich empfangen wurden. Europa war ja fast ein Kriegsschauplatz und es hatte zunächst auch den Anschein, dass jetzt jedes Jahr 100.000 nach Österreich kommen werden. Auch wir waren schockiert. Österreich war darauf völlig unvorbereitet."

Hier in Hainfeld wird man natürlich immer sehr stark mit der Vergangenheit konfrontiert. Ist die gesamte SPÖ in gewisser Weise in der Vergangenheit stehengeblieben?

„Einen gewissen Stillstand in den letzten Jahren kann man nicht leugnen. Sonst hätten wir in Österreich auch bessere Wahlergebnisse gehabt. Aus der Zeit Bruno Kreiskys weiß man, was die Themen sind. Darauf hat man zu wenig geschaut und davon hat die SPÖ aber Jahrzehnte lang gelebt. Dorthin muss sie auch zurückkehren. Zu den Schwerpunkten Arbeit, Freiheit, Frauen, Jugend. In den 70er-Jahren sind viele große Errungenschaften Österreichs entstanden. Die Rechte der Arbeiter, bis hin zum Schulbuch und auch Themen wie jenes einer allfälligen Arbeitszeitverkürzung bei vollem Lohnausgleich in den Branchen, in denen man sich das leisten kann, müssen auf den Tisch."

Und was fällt dem Bürgermeister der Geburtsstadt der SPÖ zu Jörg Haider ein?

„Ein großes schauspielerisches Talent und die SPÖ möchte halt alles vermeiden, um an Themen, die er aufgebracht hat, anzustoßen. Davon will man sich immer distanzieren. Aber was ist heute noch rechts und links. Nehmen Sie Graz, da wählen sehr viele FPÖ-Wähler die KPÖ."

Wie halten Sie es persönlich damit, ob respektive wie sich die SPÖ der FPÖ nähern soll?

„Zunächst einmal muss die SPÖ immer sehr klar und deutlich sagen, was sie will, wofür sie steht. Wie gesagt, ich bin der Überzeugung, dass 95 Prozent der Menschen unsere Zielgruppe sind und wenn es sich nach einer Wahl eben nicht so ausgeht, dass die SPÖ 50 Prozent und eine Stimme hat, dann muss man Koalitionsvarianten prüfen. Dann muss man schauen, wo und mit wem man die meisten Inhalte der SPÖ durchbringen kann. Die Partnerschaft mit der ÖVP war ja zuletzt auch nie eine Liebesbeziehung. Darum geht es auch nicht. Bei einer Koalition geht es nicht um eine Vereinigung, sondern darum, was das Beste für das Land und die Menschen ist. Die letzten zwei Koalitionsverhandlungen mit der ÖVP sind für die SPÖ eh voll danebengegangen, weil wir ihnen alles geschenkt haben. Also geht es um eine faire Partnerschaft. Findet man keinen Partner, geht man halt in Opposition und bildet ab dann sofort eine neue Koalition. Und zwar mit der Bevölkerung."

. . .

In Hainfeld, diesen Eindruck kann man durchaus gewinnen, lebt man (wie auch in den umliegenden Gemeinden und Kleinstädten, die in ihrer Bevölkerungszahl überschaubar sind) fürwahr noch eine Koalition mit der Bevölkerung. Oder, wie es Victor Adler gefordert hat, eine Koalition mit den Arbeitern. Wiewohl die Herausforderungen, denen sich Victor Adler zu stellen hatte, freilich noch ganz andere waren, als jene, mit denen sich die SPÖ von später, von heute und von morgen konfrontiert sah und sehen wird. Adler kämpfte um, heute wohl so bezeichnete, demokratische Basics wie Wahlrecht und darum, dass Arbeiter eine gerechte Behandlung erfahren. Es sollten für die Sozialdemokratie und für alle Österreicher und Europäer leider bald ganz andere Herausforderungen warten. Victor Adler (verstorben im November 1918) erlebte diese dunkle Zeit nicht mehr. In ebendiesen schwarzen Stunden und Jahren der NS-Zeit verschwand die Sozialdemokratie im Selbstschutz der Unauffälligkeit.

Wikipedia weiß alles darüber und noch mehr über die Jahre 1938 bis 1945:

In Österreich verbliebene prominente Sozialdemokraten wie Karl Renner, der ehemalige Parteivorsitzende Karl Seitz oder Adolf Schärf verhielten sich zu ihrem eigenen Schutz unauffällig. Unmittelbar nach dem „Anschluss" im März 1938 wurde im Wiener Tagblatt eine Erklärung Renners publiziert, in der er „freudigen Herzens" die „große geschichtliche Tat des Wiederzusammenschlusses der deutschen Nation" begrüßte. Wie er nach dem Krieg schrieb, hatte er, der anderseits schon 1918 für einen Zusammenschluss eingetreten war, diesen Text nach Beratungen mit Parteifreunden verfasst, weil eine gegenteilige Haltung die Arbeit im Untergrund gefährdet und unnötige Opfer gefordert hätte.

Als Schärf 1943 von deutschen Sozialdemokraten einer Zusammenarbeit „nach Hitler" wegen kontaktiert wurde, hat er laut Friedrich Heer („Der Kampf um die österreichische Identität", Böhlau, Wien 1981, S. 441) spontan „Der Anschluss ist tot. Die Liebe zu Deutschland ist den Österreichern ausgetrieben worden" geantwortet. Karl Seitz wurde von den NS-Behörden nach dem Attentat vom 20. Juli 1944 auf Hitler verhaftet.

Die Jahre nach 1945 gehörten in Österreich dem Wiederaufbau nach dem Krieg. Und nach Ende der Regierung Karl Renners, die nur von April bis Dezember 1945 andauerte, war die SPÖ im Lande über viele Jahre zum Spiel mit der zweiten Geige verurteilt. Es folgten Regierungsbildungen unter den ÖVP-Kanzlern Leopold Figl, Julius Raab, Alfons Gorbach und Josef Klaus, dessen letzte Regierungsperiode von 19. April 1966 bis zum 21. April 1970 dauern sollte.

Danach kam ER, das politische Ausnahmetalent, der große SPÖ-Wunderwuzzi ...

Ja, und somit spannt sich wieder der Bogen zu Bruno Kreisky. 1970 mühte sich Bruno Kreisky auf der Basis von 47,6 Prozent der Wählerstimmen mit einer Minderheitsregierung ab und ließ sich dabei von der FPÖ unter deren Obmann Friedrich Peter unterstützen. Mit der FPÖ eine politische Zweckehe einzugehen, löste innerhalb der SPÖ, weder bei den relevanten Funktionären noch bei der sogenannten Basis, damals noch keine Schockwellen aus. Was mit einem Blick in den Rückspiegel und auf die Vita von Friedrich Peter doch etwas verwundern könnte. Der Sohn eines sozialdemokratischen Lokomotivführers und einer bürgerlichen Bäckermeisterstochter trat im November 1938 der NSDAP bei und meldete sich im Alter von knapp 17 Jahren freiwillig zur Waffen-SS. Im Zweiten Weltkrieg wurde Friedrich Peter an der West- und Ostfront eingesetzt, zuletzt als SS-Obersturmführer beim Infanterie-Regiment 10 der 1. SS-Infanteriebrigade. Simon Wiesenthal, zu diesem Zeitpunkt Leiter des Jüdischen Dokumentationszentrums in Wien, veröffentlichte nach der Nationalratswahl 1975 einen Bericht über die Nazivergangenheit des damaligen FPÖ-Chefs Friedrich Peter. Aus diesem Bericht ging hervor, dass Peter als Obersturmführer in einer mit Massenmorden in Verbindung stehenden SS-Einheit gedient hatte. Bundeskanzler Kreisky, selbst Verfolgter des Nazi-Regimes, verteidigte jedoch Friedrich Peter und beschuldigte Simon Wiesenthal, mit „Mafiamethoden“ zu arbeiten, und unterstellte ihm sinngemäß Kollaboration mit der Gestapo. Diese öffentliche Auseinandersetzung wird bis heute unter dem Begriff Kreisky-Peter-Wiesenthal-Affäre zusammengefasst. Bruno Kreisky hatte Recht gesprochen - und damit basta. Der Popularität Kreiskys tat es auch keinen Abbruch, dass seinem ersten Kabinett auch andere ehemalige

Nationalsozialisten angehörten. Er kreierte den Slogan „Lasst Kreisky und sein Team arbeiten" und krallte sich derart bei der Neuwahl 1971 die absolute Mehrheit für die SPÖ und auch nach den dann folgenden Nationalratswahlen der Jahre 1975 und 1979 wurde die SPÖ unter Bruno Kreisky mit dem absoluten Vertrauen der Österreicher und Österreicherinnen ausgestattet.

1983 war die Zeit der großen Koalitionen – gebildet durch SPÖ und ÖVP - in Österreich (für alle Zeiten?) vorbei. Zwar war die SPÖ mit 47,65 Prozent immer noch klar die Nummer eins im Land vor der ÖVP (43,22) und vor den Freiheitlichen, die zu dieser Zeit in Wahrheit mit ihren 4,98 Prozent aus Sicht der Sozialisten noch unterhalb der Relevanzgröße lagen. Der große Mann der SPÖ übergab den Stab an Fred Sinowatz (der sich mit der FPÖ in eine Koalition wagte) und das Schicksal der Partei nahm seinen Lauf. Selbst einem politischen Ausnahmetalent wie Bruno Kreisky (und jenen, die ihm nachfolgten noch viel weniger) war es nicht gelungen, rechtzeitig und mit den richtigen Mitteln darauf zu reagieren, dass da tief unten im Süden der Republik ein junger, dynamischer Mann emporkam, der sich ebenfalls als politisches Ausnahmetalent entpuppen sollte.

Jörg Haider, der junge, braun gebrannte und sportliche Kärntner hatte die oder zumindest viele Zeichen der Zeit erkannt und den Umstand, dass die Menschen in Österreich, den Großparteien und deren Politik immer weniger zu folgen bereit waren, geschickt genutzt. In Wahlergebnissen las sich das im direkten Vergleich zwischen der SPÖ und der FPÖ damals so:

1986: SPÖ 43,11 Prozent, FPÖ 9,73 Prozent.
1990: SPÖ 42,78 Prozent, FPÖ 16,64 Prozent.

Jörg Haider, der in den Folgejahren die SPÖ (und auch die ÖVP) noch wesentlich härter treffen und fast traumatisieren sollte, hatte die Bühne betreten. Und wer auch immer die Nachfolger bzw. die Nach-Nachfolger Bruno Kreiskys in der österreichischen Sozialdemokratie waren: Jörg Haider und sein Zug zum Tor waren ein immerwährendes und ein immer größeres Problem für die SPÖ. Es war eben nichts mehr so, wie es einmal war für die Sozialdemokratie. Andere hatten Themen und Sorgen der SPÖ-WählerInnen übernommen und anders bzw. besser für sich in Anspruch genommen. Wer auch immer danach der SPÖ vorstand. Von Fred Sinowatz über Franz Vranitzky (der ja im Umgang mit der FPÖ einen besonderen Zugang wählte – dazu aber später mehr). Von Viktor Klima bis Alfred Gusenbauer und Werner Faymann. Österreichs Sozialdemokratie schien über Jahre und Jahrzehnte paralysiert und schaffte es in dieser Zeit einmal sogar als erste Partei durchs Ziel zu marschieren und dennoch (in Sachen Regierungsbeteiligung) leer auszugehen. Viktor Klima sollte dieses taktische Kunststück zustande bringen. Die Bühne gehörte jetzt eben (auch) anderen: Jörg Haider, Wolfgang Schüssel, HC Strache, Peter Pilz – wie auch immer sie geheißen haben. Allen war mehr Zugang zur österreichischen Bevölkerung, mehr Gefühl für deren Sorgen und Anliegen beschieden als den Spitzenpolitikern der SPÖ. Anerkannte Politologen und Experten behaupten sogar, Jörg Haider legte sich seinerzeit und bis heute wie ein blauer Schatten über die SPÖ. Und auch das zwischenmenschliche Verhältnis zwischen Haider und den Granden der SPÖ war allzu oft von wechselseitiger Missachtung und vor allem von persönlicher Abneigung wichtiger Sozialdemokraten gegen den FPÖ-Frontmann geprägt. Erst SPÖ-Bundeskanzler Alfred Gusenbauer probte die Entdämonisierung Jörg Haiders und suchte (auch im menschlichen Bereich) eine andere Zugangsweise. Am Ende hatte es fast den Anschein, als ginge die Taktik Gusenbauers auf.

Es roch nach Annäherung. Am 11. Oktober 2008 starb Jörg Haider bei einem Autounfall und Bundeskanzler Alfred Gusenbauer erntete höchste Anerkennung für eine zutiefst menschliche und anerkennende Festrede anlässlich der Trauerfeierlichkeiten für Haider am 18. Oktober 2008 in Klagenfurt. Eine Rede, die den Menschen Haider in ein anderes Licht rückte. Und auch den Menschen Alfred Gusenbauer. Hier noch einmal die Rede im Wortlaut. Weil sie in gewisser Weise auch zum Ausdruck bringt und (auf Seiten der SPÖ) eingesteht, wie sehr Haider Österreich (und vor allem die SPÖ) verändert hat:

„Sehr geehrte Familie Haider!
Werte versammelte Trauernde!

Es überkommt einem ein eigenartiges Gefühl, wenn man mit jemandem vor knapp zwei Wochen beisammen gewesen ist, anlässlich des Begräbnisses von Alt-Landeshauptmann Leopold Wagner und dann meistens ein Gebet gesprochen wird, für den nächsten, der aus unserer Mitte scheidet. Und wenn man dann diese Todesnachricht erhält, dann veranlasst einem das zu sehr intensivem Nachdenken, weil es natürlich die Frage stellt, wie relativ das alles ist, was uns so täglich wichtig ist oder wichtig erscheint. Und das Allerwichtigste in so einer Situation ist die Anteilnahme, die Trauer, das Mitgefühl für die Familie und für die engsten Anverwandten.

Aber die große Anwesenheit heute und in den letzten Tagen zeigt, dass Jörg Haider nicht nur seiner Familie viel bedeutet hat, sondern, dass er Menschen bewegt hat – bewegt, manchmal auch in unterschiedlicher Art und Weise. Es hat diejenigen gegeben und es gibt sie, die zu seinen engsten Freunden, Vertrauten, Weggefährten und Anhängern gehört haben. Es gibt solche, bei denen er Widerspruch hervorgerufen hat, die zu seinen Widersachern gehören. Und beides meist in einer sehr, sehr starken Emotion, weil er jemand war, der niemanden kaltgelassen hat – im Positiven, wie im Negativen. Und die Frage, die sich stellt, ist, wie soll man mit dem Leben, mit dem Wirken eines Menschen wie Jörg Haider umgehen? Ich glaube, er hat ein sehr feines Gespür gehabt für das, was sich ändern muss. Er hat Kritik an Verhältnissen geübt, die einer Veränderung bedürfen. Und insofern war er jemand, der sich von anderen herausgehoben hat, weil er diese Sensibilität besessen hat. Das heißt nicht, dass alle Antworten, die er auf die Veränderung gegeben hat, auch allgemein anerkannt worden wären, denn es gehört nun mal zum Wesen einer entwickelten Demokratie, dass es auf Missstände, auf zu Veränderndes unterschiedliche politische Antworten geben kann und geben muss. Und Teil unseres Gemeinwesens ist es, diese unterschiedlichen Auffassungen in einer vernünftigen und zivilisierten Art und Weise auszutragen, so dass am Ende das Beste herauskommt.

Sehr oft wurde der Fehler gemacht, dass schon die Kritik von Jörg Haider an den Verhältnissen kritisiert wurde. Das habe ich immer als einen großen Fehler empfunden, weil ich bin der Meinung, Kritik an bestehenden Verhältnissen ist das Wichtige und darüber zu diskutieren, wie man es verändern soll, das ist das Salz der Demokratie. Wir alle – mit menschlichen Schwächen ausgestattet – machen manchmal den Fehler, dass wir von anderen etwas verlangen, was wir selbst nicht imstande sind im selben Ausmaß zu geben. Und dieser Fehler ist wahrscheinlich der Menschlichste von allen und er geht an niemandem spurlos vorbei. Viele haben an Jörg Haider Ansprüche gestellt, die sie selbst nicht imstande waren zu erfüllen und auch er hat an andere Menschen Ansprüche gestellt, die er auch nicht immer imstande war zu erfüllen. Und daher ist gerade sein Tod – sein Ableben – eine Stunde, wo man darüber nachden-

ken sollte, ob das vielleicht einzig Tröstliche am Tod darin besteht, das zu versöhnen, was im Leben nicht versöhnbar war und dass man die eigene Größe aufbringen sollte - bei Beibehaltung aller politischen Meinungsverschiedenheiten – anzuerkennen, dass es sich um einen Mann gehandelt hat, der außergewöhnlich war, in seinem Positiven wie in dem, das viele abgelehnt haben. Jemand, der eine enorme Energie gehabt hat und imstande war, viele Menschen zu fesseln, zu begeistern, aber auch deren Widerspruch hervorzurufen. Und die vielen Menschen, die Anteil nehmen, sind ein lebender Beweis dafür, dass das nicht spurlos vorübergegangen ist.

Ich habe mit dem Kärntner Landeshauptmann Jörg Haider immer versucht, ein konstruktives Verhältnis zu haben und wir haben eine Reihe von Dingen gemeinsam für Österreich und für Kärnten umgesetzt. Und ich zolle ihm Respekt, ich zolle ihm Anerkennung über alle politischen Meinungsverschiedenheiten hinweg, weil ich der Auffassung bin, dass er vom Willen getragen war, das Beste für seine Heimat, das Beste für Kärnten zu machen, wie das im Übrigen alle tun, die im öffentlichen Leben stehen und Tag und Nacht bemüht sind, für die Menschen in unserem Land das Beste zu erreichen.

Es ist traurig, wenn jemand viel zu früh aus dem Leben gerissen wird, von dem wir wissen, dass er noch vieles vorhatte – von dem wir wissen, dass er noch vieles schaffen und verändern wollte. Gerade wenn es jemand war, der so viele Auf und Nieder in seinem Leben erlebt hat und trotzdem immer wieder mit großer Kraft zurückgekommen ist. Ja, am heutigen Tag sollte man sagen über alle politischen Lager und Unterschiedlichkeiten hinweg: Respekt und Anerkennung.

Jörg Haider: Du hast vieles gewollt, nicht alles, aber sehr vieles erreicht. Und viele, viele Menschen danken es dir. Und viele werden vielleicht die Größe aufbringen, deinen Tod zum Anlass zu nehmen, sich mit dir als Mensch zu versöhnen.

Jörg Haider, Landeshauptmann von Kärnten, mein Kollege, Ruhe in Frieden."

Endgültig und flächendeckend versöhnt hat sich die SPÖ mit dem Thema und dem Menschen Jörg Haider aber bis heute nicht. Er hatte (und das gestanden ihm in späteren Jahren sehr wohl auch viele Sozialdemokraten zu) wie vor ihm Bruno Kreisky das berühmte G'spür für die Sorgen und Anliegen der Menschen.

Im selben Ausmaß, in dem es der SPÖ abhandengekommen war . . .

Herr F.

Ein ehemaliger Wähler der SPÖ und warum er von seiner ehemaligen Lieblingspartei nichts mehr wissen möchte

„Die SPÖ ist nicht mehr die SPÖ, Wien ist nicht mehr Wien und Österreich ist nicht mehr Österreich.“ Ein Systemverlierer – und: Warum er das Vertrauen in (fast) alle und alles verloren hat . . .

Eine Wohnung in einem Wiener Außenbezirk. 4. Stock, hereinspaziert. Herr F. wohnt hier. Zwei Zimmer, Küche, Bad, kleiner Balkon. Vom Recht, den Radabstellplatz mitbenutzen zu dürfen, macht er keinen Gebrauch. Herr F. empfängt uns im früher hochschicken Trainingsanzug. Er ist Wiener. Nein, er ist eigentlich Ur-Wiener und die Macher der ORF-Kultserie „Kaisermühlen-Blues“ hätten seinerzeit auch an ihm Maß nehmen können. Heute ist F. (Jahrgang 1949) in Pension. Pensionist seit dem Jahr 2006. Seine Frau hat ihn kurz nach der Pensionierung Richtung Italien verlassen. „Mit so an jungen Hupfer“, wie sich F. rückblickend rechtfertigt. „Und den Hund hot’s a glei mit’gnummen . . .“ F. ist angefressen. Eigentlich auf (fast) alle und alles. Das war nicht immer so. Schließlich hat er einmal in einem großen Betrieb der Stadt Wien gearbeitet: „Und bis zur Pensi woa I ned an Tag krank.“

In diesem Kapitel ist F. der Hauptdarsteller. Er will „denen da oben“ sagen, warum er angefressen ist. Warum, und davon ist er felsenfest überzeugt, so viele angefressen sind. Herr F. spricht über sein Leben und er gab die Zustimmung, seine Geschichte in diesem Buch erzählen zu dürfen. Das Gespräch wurde als Interview in Form der

Abarbeitung eines Fragenkataloges geführt und wird in ungekürzter Form und ohne jegliche Wertung und Kommentierung so wiedergegeben. Um die Lesbarkeit im gesamten deutschen Sprachraum zu gewährleisten, wurden die im Wiener Dialekt gegebenen Antworten aber (mit Zustimmung von Herrn F.) in buchgerechtes Deutsch übertragen.

Herr F, wie geht es Ihnen?

„Wie es halt einem Menschen geht, auf den Sie gepfiffen haben."

Meinen Sie jetzt ihre Frau, die samt Hund vor mehr als einem Jahrzehnt nach Italien gegangen ist?

„Nein, das ist mir längst egal. Die Politik hat auf mich gepfiffen. Die Stadt Wien – die können mich alle vergessen."

Warum so böse?

„Was heißt böse? Ist ja wahr. Wissen Sie, in den 70er-Jahren, in den 80er Jahren, da hat alles gepasst. Ich habe einen Job gehabt, eine schöne Wohnung, Träume. Eigentlich waren die 90er-Jahre auch noch halbwegs ok."

Und dann?

„Dann ist eines Tages und aus heiterem Himmel der Betriebsrat zu mir gekommen und hat mir was von verschlankten Ressourcen und irgend so einem Schas erzählt. In Wahrheit haben's mich nicht mehr haben wollen, weil ich halt nicht mehr zeitgemäß war. Und zu teuer. 40 Jahre in ein und demselben Betrieb und auf einmal ist alles aus und vorbei. Am Schluss haben sie mir eine Urkunde in die Hand gedrückt und ein Tragerl Bier von den Kollegen."

Und seit 2006 sind Sie arbeitslos?

„Ja klar. Wer nimmt schon einen weit über 50-Jährigen, der immer nur einem Beruf nachgegangen ist? Aber so ist es ja nicht nur mir gegangen. Wir sind eine ganze Partie aus dieser Generation. Auf uns haben Sie gepfiffen. Wir sind so was wie die Vergessenen."

Das klingt nach jeder Menge Frust . . .

„Wissen Sie, früher haben sie uns so Dinge gesagt, wie ‚Ohne Partei bist Du nichts', ‚Die SPÖ wird immer für dich da sein', ‚Von der Wiege bis ins Grab' – pfeif drauf, wo war die Partei, als sie mich nach 40 Jahren mit einem Tragerl Bier vor die Türe g'setzt haben? Ich hab' immer mehr das Gefühl gekriegt, mit dem Bruno Kreisky ist der letzte echte Sozialist gestorben. Seither geht es nur mehr bergab."

Also nicht nur Frust, sondern auch Unversöhnlichkeit?

„Ja. Weil die SPÖ nicht mehr die SPÖ ist, Wien ist nicht mehr Wien und Österreich ist nicht mehr Österreich – mir kommt es hoch, wenn ich schau' was da abgeht. Ist doch ein Irrsinn."

Und zwar: Was geht denn ab?

„Hören Sie sich doch mal um da bei uns in der Gegend. Falls Sie überhaupt einen finden, mit dem Sie noch Deutsch reden können. In meinem Bau leben einen Stock unter mir und zwei Stockwerke über mir nur irgendwelche Türken, Jugoslawen und Afghanen. Selbst wenn ich wollte, könnte ich kein Wort mit denen reden und mein bester Kumpel hat besonderes Pech gehabt. Unter dem ist eine Partie eingezogen, die jeden Samstag am Balkon einen Hammel oder sonst was grillt. Macht er das Fenster auf, stinkt es tagelang. Im Sommer bei 35 Grad ein riesiger Spaß. Was glauben Sie, wie es dem geht? Da hab' ja ich im Vergleich dazu noch einen Lottosechser. Der ober mir schreit zwar jeden Tag mit seiner Frau und seinen Kindern herum, aber irgendwann um zehn am Abend ist es dann zumindest ruhig."

Klingt nicht wirklich danach, dass Sie das sogenannte „Ausländerthema" unberührt lässt?

„Mich lasst das seit 30 Jahren nicht mehr kalt. Und keinen von meinen Freunden. Der Jörg Haider war damals der Erste, dem aufgefallen ist, dass das eine Dimension erreicht, die nicht mehr kontrollierbar ist. Glauben Sie mir eines, mir ist der Jörg Haider eigentlich wurscht und er hat wahrscheinlich auch jede Menge Blödheiten gemacht, aber ich fürchte, ohne Jörg Haider wären wir Österreicher heute längst die Minderheit im eigenen Land. Und am meisten geht mir auf die Nerven, dass mich manche Leute dann auch noch einen Rassisten schimpfen, wenn man sich da laut beschwert. Wobei in den letzten Jahren haben eh immer mehr Leute kapiert, dass es so nicht weitergehen kann. Ich bin doch kein Rassist, wenn ich nicht ein Fremder in meiner eigenen Stadt sein will. Man ist doch kein Rassist, wenn einem auf die Nerven geht, wenn der Typ unter dir jeden Samstag einen Hammel grillt und der ganze Bezirk stinkt. Warum verstehen das manche Leute in Wien und in der SPÖ nicht?"

Das heißt, Sie haben das Gefühl, dass es sich bei der gesamten Thematik Ausländer, Zuzug und Integration um jenes Thema handelt, das den Leuten am meisten unter die Haut geht?

„Was heißt am meisten? Fast ausschließlich. Es geht doch nur darum, dass ich in meinen Grundbedürfnissen befriedigt werden möchte. Ich will einen Job, ich will eine Wohnung und meine Ruhe. Und vor allem, ich will Sicherheit. Das hat sich leider aufgehört, weil sie uns Menschen ins Land geschaufelt haben, die wir nicht wollen und auch nicht brauchen. Aber ich muss aufpassen, jetzt heißt es wahrscheinlich gleich wieder, ich bin ein Rassist. Aber, Entschuldigung: Die Tochter von einer Bekannten ist im Sommer auf der Wiener Donauinsel gewesen. Es war heiß, das junge Ding hat einen Bikini angehabt und sie ist recht fesch obendrein. Was glauben Sie, wie lange es gedauert hat, bis sie angestänkert worden ist und jetzt dürfen Sie noch einmal erraten, was für Typen das waren."

Sagen Sie es uns . . .

„Sie ist mit zwei Freundinnen in der Wiese gelegen und nach 20 Minuten sind vier ausländische Burschen gekommen und haben sich dazugelegt, obwohl die Mädels gesagt haben, dass sie das nicht wollen. Dann haben sie laut zu quatschen und dann zu schimpfen begonnen, warum sie so spießig sind. Wie die Mädels gehen wollten, haben die Burschen noch versucht, an ihren Bikinis und Klamotten herumzuspielen und die Mädels zu betatschen. Und dann will man mir einreden, dass ich böse oder ein Rassist bin, wenn ich sage: STOP, das will ich nicht? Und weil wir scheinbar noch nicht genug Ausländer im Land gehabt haben, haben sie uns seit 2015 noch ein paar Hunderttausend Flüchtlinge geschickt. Ist doch alles nicht mehr normal."

Aber was hätten Sie als Plan B anzubieten gehabt, als 2015 Hunderttausende Menschen an der Grenze standen?

„Na, zumindest hätte ich jeden einzelnen einmal gefragt, wer er ist. Man hätte nie und nimmer zulassen dürfen, dass die Frau Merkel und unser Herr Kanzler (Anm.: damals war das Werner Faymann, SPÖ) in einem gemeinsamen Telefonat beschließen, alle die da irgendwo an der Grenze standen, einfach durchzuwinken. Da hat es mir den Magen umgedreht. Und dann macht die Merkel auch noch Fotos mit denen. Ein Irrsinn. Und was haben wir heute davon? Auf ganz Europa verteilt leben irgendwelche Menschen, von denen wir nicht wissen, wie viele sie sind, wer sie sind, was für eine Vergangenheit sie haben und was sie von uns wollen. Dass einige davon nicht wirklich klasse Herrschaften gewesen sind, wissen wir heute leider auch. Oder glauben Sie, dass all diese Attentate in den letzten zwei Jahren passiert wären, wenn wir 2015 die Grenzen nicht aufgemacht hätten? Nur der in Ungarn (Anm.: gemeint ist Ministerpräsident Viktor Orbáán) hat auf seine Leute geschaut und gesagt: ‚Danke, bei uns nicht.' "

Wenn das damals alle Staaten in Europa gesagt hätten, wäre aber möglicherweise eine noch nie da gewesene menschliche Tragödie eingetreten?

„Und jetzt? Was haben wir jetzt? Dort drüben ist weiter Krieg und das wird ja nie aufhören. Wollen wir jetzt jedes Jahr Millionen von Menschen bei uns in Europa aufnehmen? Das wird nicht gehen. Das hält Europa nicht aus. Das hält Österreich nicht aus und das hält vor allem Wien nicht aus."

Ihrem negativen Befund über Österreich steht aber auch die Tatsache gegenüber, dass Österreich weltweit als sicheres Land mit hoher Lebensqualität gilt. Und Wien führt manche dieser Rankings sogar an ...

„Und was habe ich davon? Nein ehrlich, man darf eh nicht nur jammern. Man hätte ja auch im Irak oder in Afghanistan geboren sein können. Na bumm, aber Österreich wird nicht mehr lange so ein lebenswertes Land sein, wenn wir so weitermachen. Ich hoffe, dass unsere Politiker das endlich begreifen und die Grenzen dichtmachen. Und zwar ganz dicht."

Es gibt aber auch zahlreiche Jobs und Institutionen, die ohne ausländische Arbeitskräfte nicht mehr funktionieren würden. Österreich hätte zum Beispiel zu wenig Krankenschwestern und Pfleger. Was dann?

„Ich glaub' das alles nicht. Warum soll eine Krankenschwester aus Thailand besser sein als eine Krankenschwester aus Wien? Versteh' ich nicht und glaub' ich nicht."

Es gibt zahlreiche Studien und Aussagen von Experten und Politikern, die das (angeblich) belegen ...

„Blödsinn. Sind das die Politiker, die früher auch gesagt haben, dass die Partei von der Wiege bis ins Grab da sein wird für mich. Glauben Sie was Sie wollen. Ich glaub nur mehr mir selber."

Das Frage-Antwort-Spiel endet an diesem Punkt und Herr F. gibt Österreich noch ein Zitat mit auf den Weg, das seine ehemalige Affinität zur SPÖ einwandfrei belegt: „Passt mir auf mein Österreich auf ..."

Mit exakt diesen Worten nahm einst Viktor Klima im Jahr 2000 Abschied, als er seinen Rücktritt als Bundeskanzler bekanntgab und in weiterer Folge zum VW-Konzern nach Argentinien wechselte.

Was ist schon ein Skandal?

Von Idi Amin, Lucona, Noricum, Millionenverlusten und Verhaftungen in Israel

Von Ost bis West, von 1975 bis 2017: Immer wieder war die SPÖ in Skandale verwickelt, die Österreich und die Steuerzahler in Atem hielten

Wien hielt den Atem an. Österreich hielt den Atem an und mit Österreich die ganze Welt. 21. Dezember 1975: Sechs Terroristen betreten um 11:45 Uhr die OPEC-Zentrale am Dr.-Karl-Lueger-Ring in Wien. Niemand fragt sie nach Ausweisen, niemand hält sie auf. Sie marschieren schwer bewaffnet und unaufhaltsam Richtung Konferenzsaal im ersten Stock des Gebäudes. Dort beraten gerade elf Minister sowie hochrangige OPEC-Vertreter über eine eventuelle Erhöhung der Erdölpreise. Dieser als OPEC-Anschlag in der Geschichte notierte Vorfall war so gesehen der erste terroristische Akt Österreichs in der Nachkriegszeit.

Bundeskanzler Bruno Kreisky unterbricht seinen Skiurlaub auf dem Arlberg und leitet die Verhandlungen mit den Terroristen um den berühmten „Carlos" persönlich. Tags darauf verließen Carlos und die Seinen samt Geiseln mit einer DC-9 der Austrian Airlines Wien-Schwechat. Otto Rösch, 1938 der NSDAP beigetreten und Innenminister im Kabinett Kreisky, reichte vor dem Abflug jeder Geisel persönlich die Hand. Auch Carlos, dem Kopf der Terroristen.„Ein Reflex", wie er sich später rechtfertigen sollte. Zu spät: Ein Innenminister, der einem Mörder und Terroristen die Hand schüttelt, sei untragbar für die Republik, hieß es vielerorts in und außerhalb Österreichs. Österreich hatte einen handfesten Skandal. Ausgelöst durch eine möglicherweise sekundenlange Unachtsamkeit oder Unkonzentriertheit des SPÖ-Politikers Otto Rösch. Viele (und vor allem Bruno Kreisky) hielten damals schützend ihre Hände über die unglückliche Verhaltensweise des SPÖ-Innenministers, aber ein Skandal wird nun mal als Skandal zelebriert. Und sei es von der Opposition. Wobei die Bewertung dessen, was denn nun als Skandal in den Büchern zu stehen habe, in den meisten Fällen in den Augen des Betrachters liegt. Nur in wenigen Fällen herrscht landauf, landab Definitionsübereinstimmung zum Gebrauch des Wortes Skandal. Nun ja, Übereinstimmung herrscht wohl darüber, dass es sich um einen Skandal mit stark frauenfeindlichem Hintergrund handelt, wenn ein SPÖ-Bezirkspolitiker aus Wien im Jahr 2017 folgendes via Facebook an die Öffentlichkeit trägt:

„Elisabeth Köstinger als neues Gesicht und neue Generalsekretärin einer neuen Bewegung? Aus autobiografischen und stadthistorischen Motiven möchte ich da schon anmerken, dass die jungen Damen der ÖVP Inneren Stadt aus den frühen 80er Jahren, die mit mir schliefen, weil sie mich wohl für einen talentierten Revolutionär hielten, genauso aussahen, genauso gekleidet waren und genauso sprachen.“

Vielleicht könnte man es auch als Skandal bezeichnen, wenn ein Wiener SPÖ-Funktionär namens Nikolaus Kern im Jahr 2017 folgenden Tweet absetzt:

„Grundlos Streit beginnen. Abgewatscht werden. Weinen gehen. Schnöll/Kurz erinnern stark an Idi Amin“.

Zur näheren Definition:

Stefan Schnöll, ÖVP-Politiker.
Sebastian Kurz, ÖVP-Politiker.
Idi Amin, Gewaltherrscher, Massenmörder.

Egal, nicht jeder Ausritt eines Lokalpolitikers muss zwangsläufig Krisen auslösen. Nicht einmal der nächste Skandal made by SPÖ war dazu geeignet. Wenngleich widerlich.

Nach den Terroranschlägen des Jahres 2017 in London hatte sich der deutsche Imam und Buchautor Benjamin Idriz auf Facebook klar deklariert: „Terror ist die größte Sünde, die nicht vergeben werden kann." Amir El-Shamy, SPÖ-Jugendkandidat und Wahlkampfhelfer, sah das – laut Bericht der Tageszeitung Österreich vom 9. Juni 2017 – in einem Facebook-Posting anders: „Interessant, dass Allah etwas anderes im Koran sagt" - und verwies auf eine Sure. Die beginnt mit: „Wahrlich, Allah wird es nicht vergeben, dass ihm Götter zur Seite gestellt werden. Doch Er vergibt das, was geringer ist als dies."

Der Wirbel war perfekt, eine Presseaussendung musste rasch zur Schadensbegrenzung ausgeschickt werden. „Die SPÖ Wien verurteilt radikale Tendenzen auf das Schärfste. Jeder, der Angst und Terror schürt, hat in der SPÖ keinen Platz." El-Shamy hatte zuvor schon als „Iman"-Generalsekretär samt Koran-Werbeaktionen in Graz und Innsbruck für Aufregung gesorgt. Bereits im März wurde er aufgefordert, seine Mitgliedschaft zu beenden. Dem kam er nicht nach. Jetzt wurde seine Mitgliedschaft ruhend gestellt und der formale Prozess für den Ausschluss ist im Gange. Die SPÖ musste also zur Schadensbegrenzung ausrücken und von höchster Stelle eingreifen: „Wir dulden weder salafistische noch rechtsradikale Extreme." Schwätzer kommen und gehen. Da wie dort. Österreich und die SPÖ haben da schon ganz andere Stürme überstanden. Und was für welche?

Der Fall Lucona:

Der Frachter Lucona wurde 1976 von Udo Proksch, dem damaligen Prokuristen des Wiener Kaffeehauses Demel, gechartert. Das Schiff wurde in Chioggia in Oberitalien angeblich mit einer Uranerz-Aufbereitungsanlage beladen. Die Ladung wurde bei der Bundesländer-Versicherung in Wien für 212 Millionen Schilling (ca. 15,4 Millionen Euro) versichert. Adressat der Lieferung war ein Bekannter von Proksch. Das mit einer aus österreichischen Heeresbeständen stammenden Sprengladung versehene Schiff wurde am 23. Januar 1977 in der Gegend der Malediven im Indischen Ozean versenkt. Dabei wurde der Tod der zwölfköpfigen Besatzung in Kauf genommen, sechs Menschen kamen tatsächlich ums Leben.

Die Bundesländer-Versicherung verweigerte später die Auszahlung der Versicherungssumme, da sie den Verdacht hegte, die Lucona habe nicht die behauptete wertvolle Fracht, sondern Schrott, nämlich Gerätschaften des aufgelassenen Kohlebergwerkes von Oberhöflein, sowie Teile eines Kunststoffextruders geladen, was sich letztlich als richtig erweisen sollte: Die Ladung repräsentierte einen Wert von lediglich 1 Million Schilling (etwa 73.000 Euro).

Der Fall Lucona wurde in weiterer Folge durch die Journalisten Gerald Freihofner und Hans Pretterebner aufgedeckt. Udo Proksch wurde in einem späteren Prozess wegen sechsfachen Mordes zu lebenslanger Haft verurteilt.

Zur Klärung der Verwicklung von Politikern in den Fall, insbesondere politischer Verbindungen zur SPÖ, wurde 1988 ein parlamentarischer Untersuchungsausschuss eingesetzt, in dessen Folge Nationalratspräsident Leopold Gratz und der Innenminister Karl Blecha (beide SPÖ) zurücktraten. Die juristische Aufarbeitung des Vorfalls stürzte das Land in einen bis dahin nie da gewesenen politischen Skandal: 16 Politiker, Juristen und Spitzenbeamte wurden von ihren Posten entfernt, angeklagt oder verurteilt.

Der AKH-Skandal:

Der größte Bauskandal Österreichs (und im Roten Wien) war mit Abstand die Schmiergeldaffäre rund um den Bau des Wiener AKH zu Beginn der 80-er Jahre.

Der Bau des Allgemeinen Krankenhauses in Wien wurde 1955 beschlossen. Die projektierten Kosten: eine Milliarde Schilling. Geplante Bauzeit: zehn Jahre. Erst Anfang der 70er-Jahre wurde der Bau in Angriff genommen. Das Großprojekt wurde mit rund 45 Milliarden Schilling zu Europas teuerstem Krankenhausbau, der erst 1994 vollständig in Betrieb genommen werden konnte. Es ging im Fall des AKH nicht nur um besonders große Beträge, sondern auch um die Nähe zur Politik. Aufgedeckt wurde der Skandal im Frühjahr 1980 vom damaligen PROFIL-Journalisten Alfred Worm. Im Mittelpunkt des AKH-Skandals stand der ehemalige technische Direktor der Allgemeinen Krankenhaus Wien Planungs- und Errichtungsgesellschaft (AKPE), Adolf Winter. In den medialen Strudel der Affäre geriet auch der damalige Finanzminister und Vizekanzler Hannes Androsch (SPÖ). Im September 1981 folgte der AKH-Prozess, das bis dahin größte Gerichtsverfahren in Österreichs Nachkriegsgeschichte, mit 30.000 Seiten in 67 Aktenordnern, ebenso vielen Beilagenseiten, vier Sachverständigen und mehr als 100 geladenen Zeugen. Der Vorwurf gegen Winter und elf weitere Angeklagte lautete auf gewerbsmäßigen Betrug, Untreue, verbotene Intervention, Beihilfe zu solchen Verbrechen und Verstöße nach dem Devisengesetz. Winter sollte für die Vergabe von Großaufträgen Provisionen unter Mithilfe oder zumindest Mitwissen seiner Mitangeklagten kassiert haben. Das Urteil wurde am 27. November 1981 gesprochen. Alle zwölf Angeklagten wurden schuldig erkannt, allein Winter hatte 30 Millionen Schilling (2,18 Millionen Euro) Schmiergelder kassiert. Er erhielt neun Jahre Freiheitsstrafe. Seine Mitangeklagten bekamen von einem Jahr bedingt bis zu fünf Jahren und 350 Tagen unbedingt. Winter und acht weitere Verurteilte gingen in die Berufung: Der Hauptangeklagte bekam schließlich acht statt neun Jahre wegen Geschenkannahme statt Untreue. Auch weitere Strafen wurden herabgesetzt. Zwei Verfahren wurden sogar an die erste Instanz zurückverwiesen.

Was aber nichts mehr und bis heute nichts daran ändern konnte, dass der AKH-Skandal immer in enger Verwicklung mit der SPÖ gesehen wird.

Der Noricum-Skandal:

Zwischen 1981 und 1983 belieferte Noricum, ein Tochterunternehmen der VOEST, den Irak über das getarnte Empfängerland Jordanien mit Artilleriegeschützen des Typs Gun Howitzer Noricum (GHN-45). Dies war, ebenso wie die späteren Waffenlieferungen an den Iran über Libyen, ein klarer Verstoß gegen ein gerade erst verschärftes Bundesgesetz, das Waffenlieferungen an kriegführende Staaten untersagte, und in der Folge auch gegen das Strafrecht.

Schon Anfang Juli 1985 hatte der österreichische Botschafter in Athen, Herbert Amry, das österreichische Außenministerium wiederholt über Hinweise auf illegale österreichische Waffenexporte in den Iran informiert. Er hatte bei einer internationalen Waffenmesse in Griechenland Noricum-Manager bei Verhandlungen mit Kunden aus kriegführenden Staaten beobachtet. Am 12. Juli 1985 starb der 46-jährige Amry unter mysteriösen Umständen, nachdem er zuvor seinen Presseattaché Ferdinand Hennerbichler gewarnt hatte, dass man sie beide umbringen wolle, weil sie illegale Waffengeschäfte aufgedeckt und an das österreichische Außenministerium gemeldet hatten. Amrys plötzlicher Tod verhinderte sein für 13. Juli geplantes Treffen mit jenem Waffenhändler, der Amry über die illegalen Geschäfte informiert hatte.

Im Zusammenhang mit der Lucona-Affäre, aber auch wegen des Noricum-Skandals, trat Innenminister Karl Blecha im Februar 1989 zurück. Die rechtswidrigen Waffenverkäufe, und der Verdacht auf eine einhergehende Beteiligung von führenden österreichischen Politikern, führten am 27. September 1989 zur Einsetzung eines parlamentarischen Untersuchungsausschusses – gegen die Stimmen der SPÖ. Die verantwortlichen Manager wurden wegen Neutralitätsgefährdung 1993 verurteilt. Von den involvierten Politikern wurden Bundeskanzler Fred Sinowatz und Außenminister Leopold Gratz freigesprochen. SPÖ-Innenminister Karl Blecha wurde verurteilt und erhielt unter anderem wegen Urkundenunterdrückung eine bedingte neunmonatige Haftstrafe, die für drei Jahre zur Bewährung ausgesetzt wurde.

Die Konsum-Pleite:

Der KONSUM war Österreichs größte Konsumgenossenschaft, die 1978 durch den Zusammenschluss der wichtigsten Regionalkonsumgenossenschaften und dem zentralen Wirtschaftskörper entstanden ist. Langjähriger Vorsitzender des Aufsichtsrates (1978 bis 1990) und damit oberster Eigentümervertreter war SPÖ-Ikone Anton Benya, 1963 bis 1987 Präsident des österreichischen Gewerkschaftsbundes. Dies war das logische Ergebnis einer über Jahrzehnte andauernden institutionellen Verbundenheit. Von der Insolvenz des Konsum waren 15.081 Arbeitnehmer direkt betroffen. Die Institution Konsum verschwand von der Bildfläche, die Konsumenten und der finanzielle Schaden blieben.

Der Bank-Burgenland-Skandal:

Im Jahr 2000 hob der Skandal wegen geplatzter Kredite im Ausmaß von 2 Milliarden Schilling (ca. 146 Millionen Euro) das Burgenland aus den Angeln. Der Skandal führte in weiterer Folge zu vorgezogenen Landtagswahlen und zum Rücktritt von SPÖ-Landeshauptmann Karl Stix. 2003 wurde im burgenländischen Landtag der schnellstmögliche Verkauf der Bank beschlossen. Der zog sich aber in die Länge. Der erste Verkaufsversuch an die Kärntner Hypo Alpe-Adria-Bank AG scheiterte. Der zweite scheiterte ebenfalls, als im August 2005 die Bank an den Industriellen Mirko Kovats bzw. dessen A-Tec Industries verkauft werden sollte. Kovats zog sein Angebot zurück, als sich abzeichnete, dass sich dafür keine Mehrheit im burgenländischen Landtag finden lässt.

Im Oktober 2005 wurde die Bank erneut zum Verkauf ausgeschrieben. Am 5. März 2006 erhielt die Grazer Wechselseitige Versicherung AG (GRAWE) den Zuschlag für 100,3 Millionen Euro plus Kapitalerhöhung um 40 Millionen Euro, obwohl ein österreichisch-ukrainisches Bieterkonsortium mit Sitz in Wien 155 Millionen Euro zuzüglich einer Kapitalerhöhung von 100 Millionen Euro geboten hatte. Da der Verkauf aber nicht nur vom Kaufpreis abhängig gemacht wurde, sondern von einem sogenannten „Gesamtpaket", bekam die GRAWE den Zuschlag. Der endgültige Verkauf der Hypo-Bank Burgenland, das sogenannte Closing, wurde im Sommer 2006 durchgeführt. Voraussetzung dafür war eine positive Bewertung durch die Europäische Kommission. Das unterlegene österreichisch-ukrainische Konsortium protestierte dort unter anderem mit der Behauptung, dass die Bank Burgenland unter ihrem Marktwert an die GRAWE verkauft werden würde, was eine unerlaubte Subvention im Sinne des Europäischen Beihilferechts sei. Die EU-Wettbewerbskommissarin Neelie Kroes forderte infolge die GRAWE auf, die Differenz zum Offerte der abgeblitzten Ukrainer von 55 Millionen Euro nachzuzahlen.

Der BAWAG-Skandal:

Über den BAWAG und ÖGB-Skandal wurde und wird noch (auch in diesem Buch) viel gesagt und viel geschrieben. Daher hier nur noch eine kurze Zusammenfassung der Geschehnisse, die Österreich, den Gewerkschaftsbund und die SPÖ jahrelang in Atem hielten. Im Oktober 2005 gewährte die BAWAG Phillip Bennett, damals Chef des Derivatehändlers Refco, einen Kredit von über 350 Millionen Euro, nur wenige Tage bevor Bennett wegen Bilanzfälschung verhaftet wurde und Refco Gläubigerschutz anmeldete. Als Sicherung akzeptierte die BAWAG von Bennett etwa 34 Prozent Aktien an Refco. Das an die Firma Refco geliehene Kapital betug 10 Prozent des Kapitals der BAWAG.

Nach Bekanntwerden des Kredits und der Refco-Pleite wurde Kritik am Vergabeverfahren laut. Die Finanzmarktaufsichtsbehörde kündigte daraufhin eine mehrwöchige Sonderprüfung an. Im November 2005 trat der Vorstandsvorsitzende Johann Zwettler trotz eines bis 2007 laufenden Vertrags zurück, um wieder Ruhe in die Bank zu bringen. Nachfolger wurde Ewald Nowotny, der unter anderem vier Jahre lang Vizepräsident der Europäischen Investitionsbank gewesen ist. Am 24. April 2006 wurde bekannt, dass der BAWAG von den Gläubigern des zusammengebrochenen US-Brokers Refco eine Milliardenklage bevorstehe. Sie beschuldigten die Bank, die Bilanzmanipulationen von Refco unterstützt zu haben. In einer ersten Klageschrift bezichtigten sie die Bank der Mithilfe zum Betrug, forderten 1,3 Milliarden Dollar und beantragten, das US-Vermögen der Bank einzufrieren. Im März 2006 gab die österreichische Finanzmarktaufsichtsbehörde bekannt, dass auch die hoch riskanten „Karibik-Geschäfte" der BAWAG, die im Zuge der Ermittlungen des Refco-Kreditdebakels bekannt wurden, einer Prüfung unterzogen werden. Bei den sogenannten „Karibik-Geschäften" handelte es sich um riskante Veranlagungen, vor allem in Form von Zins- und Währungs-Swaps in beträchtlicher Höhe.

Derweilen spielten sich Bank-intern und ÖGB-intern bereits der Öffentlichkeit zu diesem Zeitpunkt noch nicht bekannte Dramen ab. Schon Anfang 2001 äußerten einige BAWAG-Vorstandsmitglieder die Absicht, die Bilanz 2000 unter den gegebenen Umständen nicht mehr unterschreiben zu wollen. Die Wirtschaftstreuhandfirma KPMG Austria erteilte auf Basis der ÖGB-Garantien einen uneingeschränkten Bestätigungsvermerk für die Bilanz 2000 und später auch für die Bilanzen der Folgejahre. Der damalige ÖGB-Präsident Fritz Verzetnitsch genehmigte die Garantie, ohne die hierfür zuständigen Organe (Aufsichtsrat der BAWAG bzw. Präsidium des

ÖGB) zu informieren, geschweige denn deren Zustimmung einzuholen und verwendete dazu als Besicherung praktisch auch den sogenannten Streikfonds des ÖGB, der aus den Beiträgen der Gewerkschaftsmitglieder gespeist wurde.

Auf einer Pressekonferenz am 24. März 2006 bestätigte der BAWAG-Aufsichtsratsvorsitzende Günter Weninger diese Vorgangsweise und kündigte gleichzeitig seinen Rücktritt von den Funktionen in der BAWAG und im ÖGB an. Am 27. März 2006 führte die Affäre zum Rücktritt des ÖGB-Präsidenten Fritz Verzetnitsch.

Der ARBÖ-Skandal:

2006 wurde auch noch der SPÖ-nahe Automobilclub ARBÖ heftig durchgebeutelt. Einem Generalsekretär wurde vorgeworfen, extrem hohe Beträge verdient und auch auf Kosten des ARBÖ Spesen (Strafzettel, Autoreifen, Fliegengitter) verrechnet zu haben. Wiewohl der Prozess seinerzeit ohne strafrechtliche Konsequenzen für den Beschuldigten, der vom ARBÖ freigesetzt wurde, blieb, hielt sich der schale Beigeschmack, auf Kosten eines SPÖ-nahen und kundenorientierten Unternehmens gelebt zu haben. Die klassische Story, wonach die „Großen da oben auf Kosten der Kleinen da unten“ leben würden. Mit derlei hat die SPÖ-Basis nie wirklich Freude gehabt.

Wir haben nun einen kurzen Streifzug in vergangene Jahrzehnte durch die Geschichte SPÖ-naher Unannehmlichkeiten hinter uns gebracht, begrüßen Sie herzlich im neuen Jahrzehnt und schauen zunächst in die Flughafen-Stadt Schwechat bei Wien.

Der Schwechat-Skandal:

Über Schwechat muss man einiges vorab wissen. Direkt angrenzend an Wien-Simmering mit dem einladenden Kellerberg, wo man guten Wein trinken und nette Heurigen-Stimmung genießen kann. Dazu die nahe angrenzende Region rund um den Felmayer Garten. Als da wären noch der Flughafen Wien, die OMV, Borealis – beste Voraussetzungen, um eine Wirtschaft zum Blühen zu bringen. Ein Eldorado und eine gesunde Basis für gesunde Finanzen.

Was muss man über Schwechat sonst noch wissen?

Ah, ja – SPÖ, wohin man schaut. Oder, besser gesagt, wohin man schaute . . . Bei den Gemeinderatswahlen zu Beginn des Jahrtausends lag die SPÖ in der traditionell tief roten Stadt bei fast 70 Prozent. Das nennt man Dominanz. Nannte man Dominanz.

Dann ging es rund. Und runter mit den Wahlergebnissen der SPÖ Schwechat (wenn man Aufzeichnungen, was wir hiermit tun, auf der Webseite der Stadt – www.schwechat.gv.at – Glauben schenken will).

Landtagswahl 2013: Minus 12,8 Prozent
Nationalratswahl 2013: Minus 9,7 Prozent
Gemeinderatswahl 2015: Minus 23,44 Prozent
Erster Durchgang der Bundespräsidentenwahl 2016:
Rudolf Hundstorfer (SPÖ): 17,10 Prozent Norbert Hofer (FPÖ): 40,97 Prozent. Na plumps . . .

Was ist passiert? Was geht da ab? Nun ja, viel ist passiert, viel ging ab. Und schief, wie der vom damaligen Stadtchef herbeigerufene

Rechnungshof in einem Bericht (Niederösterreich 2014/5) feststellen musste. Für die Nicht-Freaks, die das gesamte 251 Seiten starke Konvolut auf der Homepage des Rechnungshofes nicht nachlesen wollen (http://www.rechnungshof.gv.at/fileadmin/downloads/_jahre/2014/berichte/teilberichte/niederoesterreich/Niederoesterreich_2014_05/Niederoesterreich_2014_05_1.pdf) hier eine kurze Zusammenfassung, quasi ein Best-of-Schwechat.

Dazu muss man wissen, dass der Rechnungshof, Österreichs höchstes und überparteiliches Kontrollorgan, seinen Prüfbericht über den Flughafen Schwechat in mehrere Sektionen aufgliederte.

Über das Prüfthema …

… Wirkungsbereich der Stadtgemeinde Schwechat schreibt der Rechnungshof:

„In zahlreichen Geschäftsfällen überschritten insbesondere der Bürgermeister und der stellvertretende Stadtamtsdirektor der Stadt-gemeinde Schwechat ihre Kompetenzen und handelten ohne vorherige Befassung des Gemeinderats im Namen der Stadtgemeinde. Die Verletzungen reichten vom Tätigwerden eines unzuständigen Organs und der Überschreitung der Außenvertretungsbefugnis des Bürgermeisters über die Nichteinholung von aufsichtsbehördlichen Genehmigungen, die Missachtung von Rechnungslegungsvorschriften und Bestimmungen betreffend die voranschlagsunwirksame Gebarung sowie die Überschreitung der Anordnungsbefugnis bis hin zur Missachtung der Bestimmungen über das Notverordnungsrecht des Bürgermeisters.“

. . . Multiversum Schwechat hielt der Rechnungshof unter anderem fest:

„Beim Veranstaltungshallenprojekt Multiversum gingen die maßgeblichen Akteure im November 2007 noch von Errichtungskosten in Höhe von rd. 37 Mio. EUR aus. Die tatsächlichen Investitionskosten fielen aber um mehr als ein Drittel höher aus und betrugen rd. 50 Mio. EUR. Die wirtschaftliche Tragfähigkeit des Projekts Multiversum sowie die Finanzierung aus dem laufenden Betrieb waren von Beginn an zweifelhaft.“

„Zahlreiche Verträge der Multiversum GmbH wurden von den Geschäftsführern im Alleingang unterschrieben, ohne Beschlüsse durch die Gesellschafter erwirkt zu haben.“

. . . über die finanzielle Situation sagte der RH-Bericht:

„Trotz ihrer österreichweit herausragend hohen Einnahmen insbesondere aus eigenen Steuern gelang es der Stadtgemeinde Schwechat im gesamten Überprüfungszeitraum nicht, ausgeglichene Jahresergebnisse zu erwirtschaften.“

„Gegenüber den Vergleichsgemeinden Österreichs war die Pro–Kopf–Verschuldung der Stadtgemeinde Schwechat im Zeitraum 2008 bis 2011 etwa doppelt so hoch und gegenüber jenen Niederösterreichs durchschnittlich um rd. 24 % höher.“

„Die Haftungen der Stadtgemeinde Schwechat stiegen von 3,88 Mio. EUR im Jahr 2008 auf 28,77 Mio. EUR im Jahr 2012 . . . Eine ordnungsgemäße Übersicht über die Haftungen fehlte.“

„In rechtswidrigem Umgang mit Gemeindefinanzen ordneten der Bürgermeister und von ihm bevollmächtigte Organe Auszahlungen an, zu denen sie laut NÖ GemO (Anm.: Niederösterreichische Gemeindeordnung) nicht berechtigt waren."

Und so weiter, und so weiter. Auch Bücher haben ihre Kapazitätsgrenzen und wiewohl das Beispiel Schwechat nach Durchsicht des Rechnungshofberichts wohl als Lehrbeispiel für Misswirtschaft und Fehlentscheidungen interpretiert werden könnte, wollen wir an diesem Punkt einen imaginären Schlussstrich ziehen und die Bühne frei machen für weitere Desaster made by SPÖ-(Verantwortlichen).

Und ja, was passierte nach alledem in und mit Schwechat? Die Geldtresore in Schwechat waren schon einmal voller. Bürgermeister kamen und gingen. (SPÖ-)WählerInnen gingen und kamen nicht mehr. Und die Flugzeuge fliegen immer noch über Schwechat . . .

Der Salzburger Finanzskandal:

Auch in Salzburg kann man (so man ein Flugzeug ist) starten und landen. Zwar sind Landungen in Salzburg bei weitem nicht so unbeliebt wie am Flughafen Innsbruck, wo man ob der Föhnwinde, die Piloten so gar nicht mögen ab und zu schon kräftig durchgebeutelt werden kann im Anflug auf Innsbruck, aber aus Salzburg ist eine ganz andere harte Landung überliefert. Eine schwere Bruchlandung, auch Bauchfleck genannt.

Der in den Medien dann sogenannte Salzburger Finanzskandal hatte seinen Ursprung im Jahr 2012 und war auch im Jahr 2017 offenbar noch weit davon entfernt, einer end- und rechtskräftigen Klärung zugeführt werden zu können.

Laut übereinstimmenden Presseberichten soll eine Juristin und Leiterin eines Referats in der Finanzabteilung des Amtes der Salzburger Landesregierung, Ende November 2012 ihrem (politischen) Ressortchef, Finanzlandesrat David Brenner (SPÖ), gestanden haben, „seit Jahren an allen Kontrollen vorbei in geheimen Aktien- und Anleihen-Portfolios mit dem Steuergeld des Landes spekuliert zu haben."

In Summe ging es um einen Schaden im Ausmaß von rund 345 Millionen Euro und es folgte nicht nur der Rücktritt des smarten und als Zukunftshoffnung der SPÖ eingestuften David Brenner, sondern in weiterer Folge fegte es im Zuge der Aufarbeitung des Falles auch die Salzburger Landeshauptfrau Gabi Burgstaller als Konsequenz eines diesem Skandal folgenden Wahldebakels weg. Der Fall avancierte zu einem politischen und juristischen Marathon und führte Ende Juli 2017 auch noch zu (damals nicht rechtskräftigen) Verurteilungen des Salzburger Bürgermeisters Heinz Schaden (SPÖ) und weiterer Landesbeamter. Wenige Tage nach seiner (nicht rechtskräftigen Verurteilung) trat Heinz Schaden als Bürgermeister zurück. Schaden ging, der Schaden (für die SPÖ) blieb.

Ganz abgesehen von den juristischen Spätfolgen ging mit dem Salzburger Finanzskandal das Land Salzburg auch politisch wieder an die ÖVP zurück.

Der Krankenanstaltenverbund im Visier des Rechnungshofes:

Im Jahr 2017 wurde die ohnedies schon intern so kräftig durchgebeutelte Wiener SPÖ auch noch von Turbulenzen rund um den Krankenanstaltenverbund (KAV), der in die politische Kompetenz der SPÖ-geführten Wiener Stadtregierung fiel, heimgesucht.

Der Rechnungshof kritisierte die seiner Ansicht nach zu hohen Gagen der Vorstände und die Tatsache, dass die hohen externen Beratungskosten vorab keiner nachvollziehbaren Kosten-Nutzen-Analyse unterzogen wurden. Darüber hinaus wurde auch bemängelt, dass die Verbuchung besagter Beraterkosten teilweise zu intransparent erschien. Außerdem fehlte dem Rechnungshof ein funktionierendes ganzheitliches Risikomanagement, das eigentlich in den strategischen Zielen vorgesehen sei. Ein weiterer Kritikpunkt: Der Leiter der Internen Revision des KAV sei gleichzeitig auch Antikorruptionsbeauftragter des Projekts Krankenhaus Nord gewesen. Das hielten die Prüfer für unvereinbar. Und natürlich sind Vorkommnisse rund um den Krankenanstaltenverbund auch ein Fressen für politische Gegner. Und die hat die SPÖ (vor allem wenn es gegen die Wiener Partei geht) ja ausreichend. Die Wiener NEOS legten unter Führung ihrer Klubobfrau Beate Meinl-Reisinger eine eigene Broschüre unter dem Titel „Wastebook“ auf und schildern darin, „wie Wien Millionen verschwendet“.

Die NEOS führen aus:

„Der Krankenanstaltenverbund wollte bei der Errichtung des Krankenhaus Nord 50 Millionen Euro sparen – und versenkte mindestens 100 Millionen im Pfusch.“

„Besonders denkwürdig: Der Architekt Albert Wimmer hatte noch nie zuvor ein Krankenhaus geplant . . . Und typisch für die Wiener Freunderlwirtschaft: Wimmer ist Ehemann der Wiener Frauen-Gesundheitsbeauftragten Beate Wimmer-Puchinger, die bei den Gemeinderatswahlen 2015 für die SPÖ kandidierte.“

Wie gesagt: Manche Elfmeter lassen sich besonders leicht verwandeln.

Also war nach alledem mal wieder Krisenmanagement angesagt und die Gesundheitsstadträtin der Stadt Wien (SPÖ) musste beschwichtigend und Verbesserungen versprechend ausrücken. Keine leichte Aufgabe. Denn die NEOS haben im selben Aufwaschen auch gleich die stetig wachsende Verschuldung der Stadt thematisiert. Beate Meinl-Reisinger und die Ihren rechnen vor:

„Von 2007 bis 2014 haben sich die (offiziell ausgewiesenen) Schulden der Stadt Wien auf 4,9 Millionen Euro mehr als verdreifacht."

Das klingt nach einem besonders intensiven Beschwichtigungsauftrag von Seiten der Stadt Wien bzw. der SPÖ Wien.

Wie es die SPÖ schaffte, aus dem Eurofighter-Skandal einen SPÖ-Skandal zu machen . . .

. . . bleibt in gewisser Weise ein Geheimnis der österreichischen Sozialdemokratie, scheint aber Fakt nach den Ereignissen des Jahres 2017.

Eigentlich war alles angerichtet für die SPÖ. Das Thema der Eurofighter schien irgendwie untrennbar mit der Regierung unter Kanzler Schüssel mit FPÖ-Beteiligung verbunden zu sein.

Die Sachlage war so:

Die damalige Koalitionsregierung, bestehend aus der ÖVP und der FPÖ, beschloss in ihrem Regierungsübereinkommen die Anschaffung neuer Kampfflugzeuge, um den veralteten *Saab J35 Draken* (Modelljahr: 1963) abzulösen. Zunächst war der Kauf von 24 neuen Fliegern vorgesehen. Nach der Donauhochwasserkatastrophe 2002 wurde die Anzahl jedoch auf 18 reduziert. Laut der britischen Strafverfolgungsbehörde Serious Fraud Office kam es bei dem Deal zu gravierenden Ungereimtheiten. Bei Hausdurchsuchungen stellte die Behörde im Zuge eigener Korruptionsermittlungen Unterlagen sicher, die auf Schmiergeldzahlungen durch den britischen Rüstungskonzern BAE Systems hinweisen. Nach den Nationalratswahlen im Oktober 2006 stellten die Eurofighter-skeptischen Fraktionen SPÖ, Grüne und FPÖ (mittlerweile Oppositionspartei) die Mehrheit im Nationalrat und beschlossen am 8. November 2006 gegen die Stimmen der damaligen Regierungsparteien ÖVP und BZÖ, einen parlamentarischen Untersuchungsausschuss unter dem Vorsitz von Peter Pilz zur Prüfung der Eurofighter-Beschaffung einzurichten. Politisch Nachhaltiges und im Gedächtnis der Wähler verbleibendes ist aus alledem recht wenig passiert. Bis zum Jahr 2017, als die sonst eher selten Hand in Hand auftretende Allianz aus Grünen und FPÖ die Einsetzung eines weiteren Untersuchungsausschusses in der Causa durchsetzte. Und, urplötzlich hatte mit Norbert Darabos ausgerechnet der Mann den schwarzen Peter, der seinerzeit als zivil-dienender Verteidigungsminister so gar keine Freude mit den fliegenden Maschinen hatte.

Egal, Darabos wurde 2017 vorgeworfen, sich bei den Bemühungen, das Eurofighter-Paket der Regierung Schüssel aus der Sicht der Republik so kostenschonend wie möglich (rück-?)abzuwickeln, höchst ungeschickt verhalten zu haben. Und: Peter Pilz ortete (wieder einmal) einen Mega-Skandal. Diesmal aber keinen schwarz-blauen, sondern einen made by bzw. zu verantworten von Norbert Darabos. Pilz zeigte Darabos bei der Staatsanwaltschaft an.

Das heikle Thema der Islam-Kindergärten:

Im Sommer 2017 (also wenige Wochen vor den Nationalratswahlen im Oktober 2017) hatte die (Wiener) SPÖ eine extrem heikle Diskussion an der Backe. Ausgerechnet in Zeiten, in denen Attentate weltweit auf der täglichen Agenda des Schreckens standen, ausgerechnet in hochemotionalen Zeiten, als jede Form von Islamismus Berührungsängste und heftige Diskussionen auszulösen vermochte, kam in Wien die Diskussion über die Islam-Kindergärten hoch.

Fragen über Fragen – auch aus der Bevölkerung – taten sich plötzlich auf. Warum brauchen wir eigentlich Islam-Kindergärten in Wien, in Österreich und wenn ja, warum? Was passiert dort? Wie viele solcher Islam-Kindergärten gibt es denn überhaupt in Wien? Was geschieht mit den Kindern in Islam-Kindergärten? Welches Personal arbeitet in Islam-Kindergärten? Was kostet all das überhaupt und wer bezahlt dafür?

Für Manfred Juraczka, Klubobmann der Wiener ÖVP, ein aufgelegter Elfmeter. Er twitterte: „Für die Kontrolle der Kurzparkzonen hat Wien 480 Personen, für die Kontrolle unserer Kindergärten 13. Top-Prioritäten. Danke, rot- grün!"

Und schon war man mittendrin in einer hochemotionalen Debatte an der heiklen Weggabelung zwischen Kindern, Islam, Geld und Terrorangst. Keine Debatte, die man sich in der SPÖ in Zeiten des Wahlkampfes gewünscht hätte. Aber sie kam über Wien. Und die SPÖ.

Ein günstiges Haus im schönen Tirol:

Tirol kann so schön sein. Ganz besonders in Absam (im Bezirk Innsbruck-Land), rund 10 Kilometer nordöstlich der Landeshauptstadt gelegen. Dort hat die Gemeinnützige WohnungsGmbH „Neue Heimat Tirol" ein paar Immobilien-Projekte übergeben. Eine wunderschöne Wohnung in einem Wohnprojekt am Föhrenweg erwarb ausgerechnet die Frau eines ehemaligen Landehauptmann-Stellvertreters namens Hannes Gschwentner, der vormals auch Landeschef der SPÖ Tirol gewesen war. Und inzwischen zum Geschäftsführer von „Neue Heimat Tirol" aufgestiegen war.

Laut KURIER-Bericht vom Juli 2017 tauchten in Zusammenhang mit dieser Geschäftsabwicklung Fragen über Fragen auf. Abgesehen von jener der schiefen Optik. Der Kaufvertrag datiere vom Dezember 2015, also lange vor Baubeginn. Darüber hinaus sei die Immobilie nie am freien Markt angeboten worden. Herr Gschwentner rechtfertigte sich damit, alles dem Aufsichtsrat vorgelegt zu haben, alles sei marktüblich und rechtlich gedeckt.

Und die Optik? Was soll diese dumme Frage, mag sich jetzt mancher denken. Gibt es etwa auch schon Prüfungen, die den Schiefheitsgrad einer Optik überprüfen?

Apropos schiefe Optik: Die Debatte über die SPÖ-Miete in der Wiener Löwelstraße:

Manchmal tut es so richtig gut, zum richtigen Zeitpunkt am richtigen Ort zu sein. Und wie unerfreulich ist es im Vergleich dazu, wenn ausgerechnet zum falschesten aller Zeitpunkte Diskussionen losgetreten werden, die man so gar nicht brauchen kann.

Vor allem, wenn man Regierungspartei, genauer gesagt Kanzlerpartei, ist und ein Wahlkampf an die Tür klopft. Willkommen in der hochemotionalen Diskussion um die SPÖ-Parteizentrale in der Wiener Löwelstraße. Wenn eine dieser Bitte-Jetzt-geht-das-gar-nicht-Diskussionen ausgerechnet auch von der Ouvertüre um Massenentlassungen bei den Wiener Rettungsdiensten eingeleitet wird, ist das alles gleich noch viel unangenehmer.

So, worum geht es diesmal? Im Grunde ist alles ganz einfach. Es geht schlichtweg um das immer wieder wahlkampftaugliche Thema „Leistbares Wohnen". Nur halt in einem etwas anderen Zusammenhang, als es die SPÖ gerne thematisiert. Wie die Wiener NEOS in Form einer Anfrage an die Wiener Stadtregierung herausfanden, bezahlt die Bundes-SPÖ für die Office-Räumlichkeiten in der Wiener Löwelstraße in Wien I eine auffallend geringe Miete.

Noch einmal zum besseren Verständnis. Die Bundes-Partei der SPÖ bezahlt eine Miete an die Stadt Wien, in der Michael Ludwig (SPÖ) für Wohnbau zuständig ist.

Das Ergebnis der Anfragebeantwortung:

Für eine (Teil-)Fläche von 2.293,57 m2 bezahlt die Bundes-SPÖ an die Stadt Wien 5.206,40 Euro. Das entspricht einer Miete pro Quadratmeter von 2,27 Euro. Nach Berechnung anderer Mietteile ergibt sich eine durchschnittliche Miete pro Quadratmeter im Ausmaß von 4,27 Euro. Rechtlich, hallte es schnell aus dem Wiener Rathaus, sei alles im Lot. Mehrfach geprüft und für in Ordnung befunden. So manche (Wiener) Mieter mögen darüber freilich anders denken. Und auch Beate Meinl-Reisinger und ihre NEOS tun das. Nämlich anders darüber denken:

„Abgesehen von allem anderen. Ich finde das rechtlich unhaltbar und ein In-Sich-Geschäft."

Meinl-Reisinger nimmt diesen Fall der Löwelstraße-Miete zum Anlass, weiter auszuholen:

„Die Politik darf nie zum Selbstbedienungsladen für Politiker werden und bei der SPÖ Wien habe ich immer wieder das Gefühl, dass es keine saubere Trennung zwischen der Partei und der Stadt gibt."

Generell überkommt die Wiener Landtagsabgeordnete ein mehr und mehr ungutes Gefühl, wenn Sie über die Verlinkung zwischen der SPÖ Wien und der Stadt spricht: „Die Stadt Wien ist eine Cash-Cow für die SPÖ."

Dabei wären Cashcows in Österreich doch jeder Zeit herzlich Willkommen. Zum Nutzen der Menschen. Denn schließlich haben nicht alle BürgerInnen in Österreich ein gutes Gefühl, dem Rat von Christian Kern, Bundeskanzler anno 2017, und seiner Aufforderung zu folgen. Wie ließ er am 1. August 2017 in einem Slogan doch verlauten? „Ich hol mir, was mir zusteht."

Ob sich wirklich alle immer nur geholt haben, was Ihnen zusteht?

Auch die israelische Justiz holte sich nur, was ihr zustand . . .

. . . und stürzte damit die einst staatstragende SPÖ ausgerechnet im Wahljahr 2017 endgültig in das totale Chaos. Was war passiert? Ganz einfach. In den Morgenstunden des 14. August 2017 wurde in Israel ein Mann namens Tal Silberstein verhaftet. Was zunächst wie eine Meldung aus dem großen, weiten Feld des „is' mir doch wurscht"-Journalismus klang, entpuppte sich in Minutenschnelle als Super-Gau für die SPÖ.

Tal Silberstein war schon längere Zeit als Berater für die SPÖ und deren Protagonisten im Einsatz. Im Nationalratswahlkampf 2017 sollte er für die SPÖ und Kanzlerkandidat Christian Kern strategische Tipps geben. Beraten, wie man so sagt, und so flogen den Sozialdemokraten (rund zwei Monate vor der Nationalratswahl 2017) so wenig schmeichelhafte Schlagzeilen wie „Kanzler-Berater in Haft" oder „Affäre als SPÖ-Desaster" in einer Melange mit Rücktrittaufforderungen gegen Kanzler Christian Kern um die Ohren, was sich so gar nicht gut liest vor dem Hintergrund, ohnedies seit Monaten (und Jahren) gleichsam auf der roten Titanic unterwegs zu sein. Auch und vor allem machte (nebst allen anderen unschicken Nebengeräuschen) die Frage die Runde, warum die SPÖ (die sich einst auch auf ihre Fahnen zu haften trachtete, für Österreichs Arbeitnehmer da sein zu wollen) kolportierte 400.000 Euro Beratergage pro Jahr in ein anderes Land exportiert, wo es doch auch in Österreich nur so wimmelt von Marketingexperten, Instituten und Menschen, die versuchen, im Bereich Marketing- und Strategieberatung Fuß zu fassen und Arbeitsplätze zu schaffen. Vielleicht war es ja aber auch die nicht zu leugnende internationale Umtriebigkeit Tal Silbersteins, die die SPÖ schwach werden ließ. Schließlich war Silberstein nicht nur für die SPÖ, sondern auch als Berater in Rumänien, in der Ukraine und in Israel tätig. Und dem Vernehmen nach in Guinea. Laut dem rumänischen Sender „Antena 3" soll Silberstein nämlich den Präsidenten von Guinea bestochen haben.

Wobei bis zur Stunde nicht überliefert ist, ob die Justiz von Guinea auch schon ausrückt, um sich zu holen, was ihr zusteht.

So tickt die SPÖ

Warum es so schwer ist, den schmalen Grat zwischen Vergangenheit, Zukunft und gebrochener Versprechen zu erwischen

Die österreichische Sozialdemokratie auf ihrer holprigen Reise vom Vorgestern ins Übermorgen

Vergangenheitsvergessenheit und Zukunftsbesessenheit kann man der SPÖ nicht zum Vorwurf machen. Die schier immerwährende Zuneigung zu Wahr- und Weisheiten vergangener Jahre und Jahrzehnte lässt sich im Jahr 2017 am einfachsten mit einem Blick auf die Website der SPÖ (www.spoe.at) dokumentieren. Schnell könnte man hier den folgenden Eindruck gewinnen: Was die SPÖ an sich selbst am meisten mag, ist die eigene Vergangenheit.

Knallig Rot unterlegte Botschaften konfrontieren den Leser mit Spendenaufrufen und legen einen Direkt-Link nahe, der es BürgerInnen erlaubt und ermöglicht, mit ein paar Klicks zum Parteimitglied zu werden.

Mitgeliefert werden

„Zehn gute Gründe, warum es sich lohnt, Teil der SPÖ zu sein."

Sollten Sie kein Mitglied werden wollen, nicht spenden und auch keinen SPÖ-Newsletter abonnieren wollen, kommen Sie auf der

SPÖ-Website des Jahres 2017 dennoch zweifelsfrei auf ihre Rechnung. Sie können sich per Klick (https://rotbewegt.at) in die Vergangenheit beamen.

Sich in die Geschichte der Partei entführen lassen. Ins Gestern, ins Vorgestern, ins Vor-Vor-Vor-Vorgestern. Ins Jahr 1888. Dort machen Sie Bekanntschaft mit Victor Adler, dem Gründungsvater der Sozialdemokratie. Dort erfahren Sie via Weiterleitung zu Wikipedia alles, was Sie schon immer über die Einweihung der New Yorker Freiheitsstatue im Jahr 1886 wissen wollten (https://de.wikipedia.org/wiki/Freiheitsstatue). Mit etwas Geduld gelangen Sie dann auch noch zu ausreichend Informationen über Bruno Kreisky, zur ersten Mai-Kundgebung im Jahr 1890 in Wien. Zu Johanna Dohnal.

Und Sie haben die Chance ihres Lebens, alles über die SoHo zu erfahren.

SOHO?

Ja genau, *Sozialdemokratie & Homosexualität.*

*Sie werden eingeführt in die Welt von Schwulen und Lesben. Und Sie erfahren hier (*https://rotbewegt.at/#/epoche/einst-jetzt/artikel/die-soho*) in fetten Buchstaben:*

SoHo

SoHo ist die Abkürzung für Sozialdemokratie & Homosexualität. Die Arbeitsgemeinschaft setzt sich für Gleichberechtigung und Chancengleichheit von Lesben, Schwulen, Bisexuellen und Transgender-Personen in Österreich ein.

Und fetter als fett:

„Homosexualität ist keine Privatangelegenheit!“

...

Dazu mag es wohl auch andere Meinungen geben, aber dies ist hier nicht der Ort, um in die Schlafzimmer der ÖsterreicherInnen zu blicken. Decke drüber und weiter geht’s. Egal, noch lange kein Grund, die SPÖ-Website des Jahres 1888 und des Jahres 2017 zu verlassen.

Nein, nein – bleiben Sie hier. Bitte ... Sie verpassen sonst die Möglichkeit, sich direkt in das Parteiprogramm der SPÖ anno 2017 einzuklinken.

https://spoe.at/das-spoe-parteiprogramm

Schwups – da sind wir nun und der Lohn für die Geduld, die SPÖ-Website noch nicht zu verlassen, wird rasch belohnt. Sie erhalten einleitende bzw. weiterführende Informationen über das Parteiprogramm:

.... Die SPÖ bekennt sich darin zu Freiheit, Gleichheit, Gerechtigkeit und Solidarität. Das Programm wurde am Parteitag im ***Oktober 1998*** *beschlossen - und steht auch für den Veränderungswillen und die Modernität der Sozialdemokratie ...*

1998 – für die Modernität also ... Ok, leiten wir also den Veränderungswillen der Sozialdemokratischen Partei Österreichs des Jahres 2017 aus jenem Parteiprogramm ab, das zu diesem Zeitpunkt 19 Jahre alt ist und blicken wir im Vertrauen auf die historischen Daten von Wikipedia kurz zurück.

1998 – was für ein Jahr. Am 1. Jänner tritt eine Verfassung in Kraft – auf den Malediven

Am 10. Februar wird die Todesstrafe abgeschafft – in Aserbaidschan

Am 17. März wird der Ausnahmezustand aufgehoben – in Sambia

Am 24. April werden 22 Todesurteile öffentlich vollstreckt – in Ruanda

Am 11. (und am 13.) Mai finden unterirdische Atomtests statt – in Indien

Am 30. Juni finden erstmals Kommunalwahlen statt – in Mosambik

Am 26. Juli finden erste eigene Nationalwahlen statt – in Kambodscha

Am 17. August wird der Staatsbankrott erklärt – in Russland

Am 28. September tritt der Regierungschef zurück – in Albanien

Am 3. Oktober wird der Premierminister in seinem Amt bestätigt – in Australien

Am 15. November wird der Staatspräsident zum zweiten Mal gewählt – in Burkina Faso

Am 31. Dezember wird in Österreich Silvester gefeiert und die amerikanische Botschaft wegen einer Bombendrohung geräumt – in Tel Aviv (Israel)

Nun ja, was passierte sonst noch so im Jahr 1998? Mika Häkkinen wird zum ersten Mal FormeI-1-Weltmeister und Michael Jackson Vater einer Tochter. Nokia bringt mit dem Modell „5110" eines der bis heute erfolgreichsten Handymodelle überhaupt auf den Markt. Lilli Schweiger, die Tochter von Til Schweiger, wird geboren. Falco stirbt. Politisch wird das Jahr 1998 zum einen durch den Blick nach Deutschland dominiert. Dort wird Gerhard Schröder am 27. Oktober zum Bundeskanzler gewählt.

Zum anderen steuert Österreich auf die (später ebenfalls als historisch eingestuften) Nationalratswahlen von 1999 zu und am 19. April 1998 wird Thomas Klestil (ÖVP) in seinem Amt als Bundespräsident bestätigt. Der Weg dorthin hätte steiniger sein können für den ehemaligen Spitzendiplomaten.

Der Namensgeber eines Wiener Einkaufszentrums versammelte aber immerhin 9,9 Prozent der WählerInnen hinter sich, Heide Schmidt 11,1 Prozent. Und die SPÖ?

Nun ja, die SPÖ klinkte sich aus diesem Rennen um die Hofburg de facto aus. Mit Gertraud Knoll (offiziell als unabhängige Kandidatin am Start) war aber zumindest ein SPÖ-Mitglied mit im Rennen. Aber chancenlos.

Soweit ein paar gesellschaftliche und politische Quintessenzen aus jenem Jahr 1998, aus dem das SPÖ-Parteiprogramm des Jahres 2017 stammte . . .

Also jetzt hinein ins Parteiprogramm der SPÖ anno 1998 bis anno 2017 (und ff.?).

Auf 31 (für ältere Leser zu klein gedruckten) Seiten erfahren Sie viel. Viel Gutes ist da zu lesen. Grundvernünftiges. Die SPÖ steht für eine gerechte Gesellschaft, für Fairness, für Chancengleichheit, für arbeits- und aufwandgerechte Bezahlung von Mitarbeitern. Die SPÖ ist für Europa, gegen Hass, gegen eine Zwei-Klassen-Medizin und gegen Arbeitslosigkeit.

Widerspruch? Nein. Im Parteiprogramm erfahren Sie viel über Kultur, wenig über Sport, nichts darüber, wie die SPÖ, das Land oder Europa auf eine etwaige Flüchtlingskrise zu reagieren hätte und kein Wort, wie man denn vorzugehen hätte für den Fall, dass der Euro zu schwächeln beginnen sollte. Letzteres verwundert nicht. Hallo? Euro? Wer, wie, was? Wir sind im Jahr 1998. Wir zahlen für unser Schnitzel rund 45 Schilling. Oder doch mehr? Drei Jahre nach Erscheinung des SPÖ-Parteiprogramms der Jahre 1998 bis 2017 (und ff.?) beklagt sich der SPÖ-Partner AK Wien bitterlich in einer von ihr in Auftrag gegebenen Studie: *In einzelnen Gaststätten waren die Verteuerungen teilweise extrem. So wurde zum Beispiel in einem Lokal der Preis für ein Schnitzel von 55 auf 75 Schilling (+ 36 Prozent) angehoben, in einem anderen von 80 auf 95 Schilling (+ 19 Prozent).*

Also zurück aus Zukunftsfantasien wie dem Euro in die Realität des Jahres 2017. In die Realität des SPÖ-Parteiprogramms. Die Seiten 15 und 16 sind in großem Stil den Frauen des Landes gewidmet. Steht einer Partei wie der SPÖ auch gut zu Gesicht. Schließlich gilt es in der Frauenpolitik, die Fahnen hochzuhalten. Auch und vor allem in Gedenken an die 2010 verstorbene Parteikollegin Johanna Dohnal. 1990 wurde Dohnal unter Bundeskanzler Franz Vranitzky

Bundesministerin für Frauenangelegenheiten und damit die erste österreichische Frauenministerin. Ihr Name ist untrennbar mit dem Kampf für die Frauen in Österreich verbunden. Zu Recht, wie viele meinen. Also, was lesen wir auf besagten Seiten 15 und 16 zum Thema Frauen?

Viel, sehr viel.

Parteiprogramm - Kapitel III.5. mit dem Namen: „*Gleichstellung der Frauen als demokratisches Ziel . . .*"

Wir lesen unter Absatz (2):

Die strukturell bedingte Benachteiligung von Frauen muß durch aktive Gleichstellungspolitik konsequent abgebaut und schließlich beseitigt werden. Aktive Gleichstellungspolitik bedeutet gerechte Umverteilung von Arbeit, Einkommen und Macht zwischen Männern und Frauen.

- Umverteilung von Arbeit heißt, die vorhandene bezahlte und unbezahlte Arbeit zwischen Männern und Frauen solidarisch zu teilen,

- Umverteilung von Einkommen heißt, eine gerechte Lohn-, Steuer-, Finanz-, Beschäftigungs- und Sozialpolitik zu verwirklichen,

- Umverteilung von Macht schließlich meint die gleiche Teilhabe von Frauen und Männern an allen gesellschaftlichen Entscheidungsprozessen.

Wir lesen unter Absatz (4):

. . . Frauen kommen bei der bezahlten Arbeit als der besten Voraussetzung eigenständiger Existenzsicherung, zu kurz, tragen aber den überwiegenden Teil der unbezahlten Arbeit im Haushalt, in der Betreuung der Kinder und in der Pflege von Angehörigen. Ziel unserer Politik ist es, Frauen zu ermöglichen, ihre Chancen im Beruf aktiv zu ergreifen, sowie diese falsch verteilten Gewichte ins richtige Lot zu bringen.

Wir lesen unter Absatz (5):

Die ungleichen Rollenzuschreibungen sind auch Ursache der eklatanten Lohn- und Gehaltsunterschiede zwischen Männern und Frauen. Erst die gerechte Verteilung von bezahlter und unbezahlter Arbeit sowie die gleiche Teilnahme von Frauen und Männern an politischen Willensbildungs- und Entscheidungsprozessen wird auch zu einer gerechten Verteilung der Einkommen führen.

Wir lesen unter Absatz (6):

Frauen wissen um ihre Fähigkeiten, sehen ihre Möglichkeiten. Aber die Gesellschaft, wie wir sie jetzt kennen, läßt vielfach noch immer nicht zu, daß sie Rechte und Chancen, die ihnen zustehen, auch ergreifen. Uns geht es darum, diese „gläserne Decke“ zu durchbrechen und den Weg frei zu machen für alle Frauen.

Und wir lesen unter Absatz (8):

. . . In diesem Sinne bekennen wir uns zur positiven Diskriminierung, also zu einer gerechten Bevorzugung von Frauen bei Personalentschei-

dungen im öffentlichen Bereich und zur Koppelung von Auftragsvergabe und Förderungen aus der öffentlichen Hand an Maßnahmen zur Frauenförderung im privatwirtschaftlichen Bereich.

Ein paar Jahre und ein paar gescheiterte positive Diskriminierungsversuche später, konkret 19 Jahre später, sieht es mit der Umsetzung nicht ganz so dynamisch aus. Österreichs Frauen verdienen nach wie vor teilweise erheblich weniger als Männer, die Führungspositionen werden nach wie vor in erster Linie mit Männern besetzt, von Aufsichtsräten und Vorständen ganz zu schweigen.

Die SPÖ-Frauen unter ihrer Vorsitzenden Gabriele Heinisch-Hosek klagten via Website (https://frauen.spoe.at/) an und bedienten sich am schlechten Beispiel von Schwaz in Tirol:

Frauen in Schwaz verdienen:
Um 4 Prozent weniger als der Tiroler Frauen-Durchschnitt und um 8 Prozent weniger als der Tirol-Durchschnitt
Um 15,2 Prozent weniger als die durchschnittliche Frau und 41,8 Prozent als der durchschnittliche Mann in Österreich
Um 24 Prozent weniger als Männer im Bezirk Schwaz (bei ganzjähriger Vollzeitarbeit), das ist der zweitschlechteste Wert in Tirol
Bei ganzjähriger Vollzeitarbeit 22.878,- Euro netto pro Jahr (Männer 30.016,-)
Durchschnittlich 1019,- Euro netto pro Monat (Männer 1653,- Euro)
Daher fordern die SPÖ-Frauen rasches Handeln ein. Und zwar:

Weil es gerecht ist – Maßnahmen:
Mindestlohn von 1500,- Euro
Einkommenstransparenz – Wissen ist Macht
Partnerschaftliche Aufteilung der unbezahlten Arbeit und Familien-

arbeit fördern
Erwerbsarbeit gerecht verteilen
Ganzjährige Vollzeitarbeitsplätze forcieren
Ganzjährige und ganztägige Kinderbildung und – betreuung
Vereinbarkeit von Beruf und Familie fördern, Teilzeitarbeit darf kein Instrument der Vereinbarkeit sein
Arbeit neu bewerten und Branchen, in denen viele Frauen arbeiten, einkommenstechnisch aufwerten
Ausgeglichener Branchenmix, Landeseinrichtungen und damit sichere, gut bezahlte Arbeitsplätze auch in den Bezirken

Soll heißen? Alles nur heiße Luft, was die SPÖ in ihrem Parteiprogramm der Jahre 1998 bis 2017 fordert? Alles nur Blabla? Gescheitert? Setzen, 5? Die SPÖ und die Frauen – ein Thema, das auch im Jahr 2017 die zuständige Frauenministerin Pamela Rendi-Wagner bewegte. In einer APA-Aussendung im Mai 2017 verlautete die Ministerin zum nimmermüden Thema der Frauenquote:

Die Quote sei notwendig, so Rendi-Wagner, denn noch immer sei das (weibliche) Geschlecht ein Karrierehindernis. Solange das so ist, sieht Rendi-Wagner die Politik gefordert, gegenzusteuern.

„Brauchen wir die Quote? Ja, die Zahlen sprechen für sich", unterstrich die Ministerin. Derzeit sind lediglich 18 Prozent der Aufsichtsräte in österreichischen Privatunternehmen Frauen. In der Geschäftsführung sind es nur sieben Prozent. „Das ist viel zu wenig, zumal, wenn man bedenkt, dass die Hälfte aller Erwerbstätigen Frauen sind. Von Gleichberechtigung sind wir also noch meilenweit entfernt", so Rendi-Wagner.

Und die SPÖ-Frauenministerin will und will nicht locker lassen. In einem Eintrag auf der SPÖ-Website am 27. Juli 2017 (11:52 Uhr) klagt Rendi-Wagner gnadenlos an:

. . . Der Equal Pension Day markiert jenen Tag, an dem Männer bereits so viel Pension erhalten haben, wie Frauen erst bis zum Jahresende erreicht haben werden. Dieser Tag fällt heuer österreichweit auf den 27. Juli. . . .

. . .Männer können mit jährlich durchschnittlich 25.901 Euro Pension rechnen – Frauen lediglich mit 14.796 Euro. „Im Vergleich zum letzten Jahr hat sich hier an den Höhen kaum etwas verbessert. In Kärnten, Salzburg und Tirol hat sich die Lücke sogar noch ein wenig weiter geöffnet. Das ist ein alarmierender Trend", sagt die Ministerin . . .

In der Tat: Eine Ungerechtigkeit, die zum Himmel schreit. Und eine heftige Anklage der Frauenministerin.

Offen blieb damals im Juli 2017 freilich die Frage, wen Rendi-Wagner via SPÖ-Website anzuklagen beabsichtigte. Regierungschef und SPÖ-Chef Christian Kern, der für die Umsetzungskompetenz in der Regierung verantwortlich ist? Dessen Vorgänger Werner Faymann oder Alfred Gusenbauer? Oder die Frauenministerin (Rendi-Wagner)? Selbstanklage ohne Selbstjustiz? Fakt ist:

Die Forderungen der SPÖ im Parteiprogramm von 1998 (und ff.) und die Forderungen von 2017 klingen irgendwie ident? Also doch rund zwei Jahrzehnte alles falsch gemacht in Sachen Frauenpolitik? Der Rechtfertigungsmechanismus der SPÖ-Granden arbeitet aber stets auf Hochtouren. In den Jahren 2000 bis 2007 saß man schließlich realpolitisch nicht an den Hebeln der Macht, sondern auf der Oppositionsbank und in den Jahren von 2007 bis 2017 sei man durch eine koalitionäre Partnerschaft und Zweckehe mit der ÖVP in seiner eigenen Wirkungskraft stark eingeschränkt gewesen.

Schon klar.

Also richte man eben einen Blick auf den ureigenen Wirkungs- und Machtbereich der SPÖ. Auf Besetzungsmechanismen und Personalentscheidungen innerhalb der SPÖ-dominierten Politik, in Partnerinstitutionen, in Vorfeldorganisationen der Sozialdemokraten.

Von 2007 bis 2017 stellte die SPÖ drei Bundeskanzler: Alfred Gusenbauer, Werner Faymann, Christian Kern.

Frauen?

Die Bundespräsidentschaftskandidaten bzw. Bundespräsidenten der SPÖ in der Nachkriegszeit hießen Karl Renner, Theodor Körner, Adolf Schärf, Franz Jonas, Rudolf Kirchschläger (der zwar von Bruno Kreisky nominiert wurde, offiziell aber als überparteilicher Kandidat antrat), Kurt Steyrer, Rudolf Streicher, Heinz Fischer und Rudolf Hundstorfer.

Frauen?

In Wien regierte ab November 1994 ein Bürgermeister namens Michael Häupl. In Kärnten sitzt Landeshauptmann Peter Kaiser im größten Zimmer, im Burgenland Hans Niessl, in der Steiermark merkte man sich den Namen Franz Voves.

Frauen?

Als letzte Bundesgeschäftsführer erinnert man sich an Namen wie Norbert Darabos, Gerhard Schmid und Georg Niedermühlbichler.

Frauen?

Zur Sicherheit noch ein Blick auf die SPÖ-Klubobfrauen bzw. SPÖ-Klubobmänner seit 1945:

Adolf Schärf, Bruno Pittermann, Franz Olah, Robert Uhlir, Bruno Kreisky, Leopold Gratz, Robert Weisz, Heinz Fischer, Sepp Wille, Willi Fuhrmann, Peter Kostelka, Alfred Gusenbauer, Josef Cap, Andreas Schieder.

Frauen?

Augen zu und durch. Schließlich kann man in einer Demokratie einer politischen Partei keine Vorschriften in Bezug auf ihre Personalentscheidungen machen und die Einklagbarkeit von Wahlversprechen hat in diesem Land auch noch keine Mehrheit gefunden. Nicht zum Nachteil der SPÖ. Erweitert man nämlich den Blickwinkel auf die Partei, weg von den rein politischen Ämtern, wo Frauen in der SPÖ erwiesenermaßen nicht die Hauptrolle spielen, um es höflich zu formulieren, auf Partner- bzw. Vorfeldorganisationen der Sozialdemokraten, ergibt sich im Hinblick auf eine geschlechtlich ausgewogene Postenbesetzung ein schlichtweg verheerendes Zeugnis für die SPÖ. Beginnen wir unsere (von der SPÖ immer heftig diskutierte) Suche nach Frauen in Führungspositionen, also bei jenen Institutionen und Organisationen, die der SPÖ nahestehen oder sich dazu bekennen, eine Vorfeldorganisation gewesen zu sein – beispielsweise beim ARBÖ. Und beginnen wir diese akribische Suche vorab mit einer Entschuldigung, dass sie jetzt etwas mit Namen überladen werden. Aber, wie gesagt: Es dient schließlich den Frauen in Österreich. Beim 1-2-3-Pannen-Notruf ARBÖ wurde im Dezember 2012 Gerald Kumnig als Geschäftsführer präsentiert. Präsident der ASKÖ (Arbeitsgemeinschaft für Sport- und Körperkultur) ist der oberösterreichische SPÖ-Nationalrat Hermann Krist und engster Mitarbeiter ist Generalsekretär Michael Maurer. Der Arbeiter-Samariter-Bund Österreichs baut in seiner Rettungsorganisation auf den Präsidenten Franz Schnabl, 2017 zum SPÖ-Spitzenkandidaten für die niederösterreichische Landtagswahl im Jahr 2018 bestimmt, und auf einen Bundesgeschäftsführer namens Reinhard Hundsmüller. Erste Zwischenbilanz auf unserer Suche nach Frauen?

?

Weiter zum Bund Sozialdemokratischer Akademikerinnen und Akademiker, Intellektueller, Künstlerinnen und Künstler (kurz BSA) und begrüßen wir hier den Bundesvorsitzenden Andreas Maillath-Pokorny. Dieser folgte 2010 Wolf Frühauf und ist manchen Polit-Insidern vielleicht auch als Wiener Kulturstadtrat ein Begriff.

Frauen?

Kommen wir zum Bund Sozialistischer Freiheitskämpfer, wo 2013 Johannes Schwantner Ernst Nedwed folgte.

Frauen?

Die Vorsitzenden der Fraktion Sozialdemokratischer GewerkschafterInnen im ÖGB hießen bzw. heißen:

Karl Meisel, Anton Benya, Josef Matejcek, Robert Weisz, Karl Sekanina, Adolf Czettel, Rudolf Nürnberger, Wilhelm Beck, Wilhelm Haberzettl, Wolfgang Katzian.

Frauen?

Die ÖGB-Vorsitzenden tragen bzw. trugen die Namen Johann Böhm, Franz Olah, Anton Benya, Fritz Verzetnitsch, Rudolf Hundstorfer und Erich Foglar.

Frauen?

Der Österreichische Jugendherbergsverband hat seit 2009 einen Präsidenten namens Peter Kaiser (der auch Landeshauptmann in Kärnten ist). Sein Vorgänger hieß Johann Hatzl.

Frauen?

Der Mietervereinigung Österreichs steht seit 2008 Georg Niedermühlbichler vor. Er wurde 2016 (bis inklusive 2021) wiedergewählt.

Frauen?

Kommen wir zu den Naturfreunden. Deren Vorsitzender heißt Andreas Schieder und sitzt für die SPÖ im Parlament.

Frauen?

Der Pensionistenverband Österreichs, der in seinem Auftreten und Namen auf das verweiblichende Binnen-I vorsorglich verzichtet, hatte von 1949 bis 2017 ausschließlich männliche Vorsitzende. Von August Kadarevak (1949) bis Karl Blecha (seit 1999).

Frauen?

Der Sozialdemokratische Wirtschaftsverband untersteht einem Präsidenten Christoph Matznetter und last but not least sei auch noch das Renner-Institut genannt, wo als Präsident Ex-SPÖ-Kanzler Alfred Gusenbauer geführt wird.

Frauen?

Frauen?

Fassen wir kurz zusammen. Hier wurden jetzt Personalentscheidungen und Besetzungen wichtiger politischer Ämter und wichtiger Institutionen im Zeitfenster zwischen 1945 und 2017 unter die Lupe genommen. Die Entscheidungsbefugnis bei all diesen Personalia lag entweder ausschließlich oder zu einem starken Teil bei der SPÖ. In Zahlen lässt sich das im Jahr 2017 so zusammenfassen:

Politische Ämter: Männer 33, Frauen 0.

SPÖ-nahe Institutionen und Vorfeldorganisationen: Männer 33, Frauen 0.

Gesamtergebnis: Männer 66, Frauen 0.

Die Freiheit der Weglassung des Autors in Bezug auf den Namen Gabi Burgstaller (sie war Landeshauptfrau in Salzburg) ist an dieser Stelle als Freundschaftsdienst an der SPÖ zu werten. 2012 wurde der Salzburger Spekulationsskandal mit Swap-Geschäften und dramatischen finanziellen Verlusten für das Land bekannt. Bei der folgenden Landtagswahl im Jahr 2013 fuhr die SPÖ ein Minus von

15,54 Prozent ein und Gabi Burgstaller trat zurück. Sie wurde als Salzburger SPÖ-Vorsitzende (. . . erraten) von einem Mann (Walter Steidl) beerbt. Schwamm drüber: 66:0 oder 67:1.

Männerfeindlichkeit darf man der SPÖ aus diesem Befund heraus in keinem Fall nachsagen. Frauenfreundlichkeit aber auch nicht . . .

Egal, was irgendwer irgendwann im Jahr 1998 in Bezug auf Frauen oder Frauenpolitik auf ein Blatt Papier (sprich ins Parteiprogramm) geschrieben hat, muss ja 19 Jahre später längst keine Gültigkeit mehr haben. Und schließlich lässt sich der Verdacht völliger Unbeweglichkeit in Sachen Frauenpolitik gegen die SPÖ auch nicht wirklich erhärten. Schließlich sagten Sozialdemokraten auch einmal dieses:

„ . . . wir wollen nicht, dass die Frau als Konkurrentin gegen die Männerarbeit benützt wird. Daher wollen wir im Namen der Humanität und im Interesse der ganzen arbeitenden Bevölkerung (die) Einschränkung der Frauenarbeit . . .“

Dieses Zitat wurde von Referent Weilguny (Linz) überliefert und stammt aus dem „Protokoll des Hainfelder Einigungsparteitages“, abgehalten am 30. und 31. Dezember 1888 und 1. Jänner 1889. Also hat sich die SPÖ in den letzten 130 Jahren ja sehr wohl auf die Frauen zubewegt. . .

Wie auch immer.

Die SPÖ-Granden haben etwas Neues auf den Tisch gelegt: Einen Kriterienkatalog, sieben Schwerpunktthemen und vor allem hat die SPÖ schließlich auch noch einen Plan B zum etwas überwutzelt wirkenden Parteiprogramm aus der Schilling-Ära. Der Plan B der SPÖ?

Der Plan A.

Aufgesetzt 2017 von Bundeskanzler Christian Kern und den Seinen. Für die Seinen und die Menschen des Landes. 146 Seiten voll mit Ideen. Mit Kraft, mit Visionen. Viel bis (fast) alles davon wird sich wohl am ehesten mit einer SPÖ-Alleinregierung durchsetzen lassen, aber was nicht ist, kann ja noch werden. Ab Seite 96 von Christian Kerns Plan A treffen wir einen alten Bekannten. Oder doch eine alte Bekannte? Egal, das Frauenthema halt und Christian Kern spart nicht mit Kritik.

In Sachen Gleichberechtigung nimmt Österreich im europäischen Vergleich einen fragwürdigen Spitzenplatz ein: Mit rund 23 Prozent Lohnunterschied zwischen Frauen und Männern sind wir mit Rang zwei nämlich ziemliche Spitze, was die Größe des Unterschieds angeht.

Christian Kern spricht in seinem Plan A aus, was sich eigentlich alle Menschen im Land denken: Warum eigentlich noch immer? Mit dem feinen Unterschied, dass die Menschen an sich (Sie wissen schon, solche wie Du und Ich) in den letzten zehn Jahren keine Möglichkeit und auch keinen Direktzugang zur Gesetzgebung hatten, um ebendiesen Zustand 19 Jahre nach Erscheinen des 2017 gültigen SPÖ-Programms mit exakt derselben Forderung abzustellen. Die SPÖ hatte diese Möglichkeit sehr wohl. Also doch: Setzen, 5.

Christian Kern lässt aber nicht locker. Er ist schließlich in die Politik gegangen, um ein Bundeskanzler der Umsetzung zu werden. Jetzt will er endlich auch das Thema der 1998 im Parteiprogramm verankerten Frauenquote in Führungspositionen umgesetzt wissen. Das klingt dann so im Plan A des Jahres 2017:

Über die Sinnhaftigkeit von Frauenquoten wird seit geraumer Zeit auf allen und für alle Ebenen diskutiert. Die Zeit sollte also reif sein, eine Entscheidung zu treffen und einen Plan zu fassen.

Ein Bekenntnis zur Quote – auch in der Privatwirtschaft.

In der Privatwirtschaft also? Echt jetzt? Und wenn ja, wie soll das genau aussehen? Dass dann Christian Kern und die Seinen von Firma zu Firma ziehen und entgegen den eben geschilderten Gewohnheiten der SPÖ auf die Umsetzung in der Privatwirtschaft pochen? Männer raus, Frauen rein? Nun ja, manch emotionaler Politiker würde sich jetzt den verbalen Ausritt leisten, wonach man sich bei Philippi wiedersehen würde.

Wird wohl kaum so sein, aber in 19 Jahren nach Veröffentlichung des Buches und des Plan A wird man halt wieder nachfragen wie es so aussieht mit der SPÖ und ihrer Frauenpolitik. Inzwischen könnte man ja (nur so ins Unreine hineinfantasiert) ganz andere Maßnahmen überlegen, um Österreichs Frauen und Mädchen in allen Belangen zu helfen. Man könnte ja darüber nachdenken, das inzwischen auch schon legendäre Binnen-I in der Verfassung festzuschreiben und allfällige Nichteinhaltungen mit Haftstrafen zu ahnden.

Oder wie wäre es damit, die ohnedies scheinbar von Machos für Machos komponierte Bundeshymne endlich gänzlich zu entmannen. Die Lebensqualität von Österreichs Frauen soll schließlich nicht weiter Schaden nehmen an dieser stil- und geschmacklosen, frauenverachtenden Formulierung in der dritten Strophe, wo es heißt:

„ . . . Mutig in die neuen Zeiten, Frei und gläubig sieh uns schreiten, Arbeitsfroh und hoffnungsreich. Einig lass in Jubelchören, Vaterland, dir Treue schwören, Vielgeliebtes Österreich. Vielgeliebtes Österreich."

Also Vaterland raus, Mutterland rein . . . Eine Forderung, die ab dem Jahr 2017 erheblichen Rückenwind erhält. In Zeiten, in denen kein Mensch mehr nach einem David Alaba oder Marko Arnautovic fragt, wenn die ÖFB-Damen ins EM-Halbfinale aufsteigen. Man muss das alles wohl ein wenig sportlicher sehen. Ein 0:66 kann man schließlich aufholen. Schwer, aber doch. Hängt im Grunde (fast) nur von der Sportart ab. Womit der Bogen zum Thema Sport auch schon gespannt wurde.

Spricht man über die SPÖ in Kombination mit Sport, muss man vorab etwas außer Streit stellen. Alfred Gusenbauer war 2007, 2008 nicht nur Bundeskanzler, sondern in dieser Zeit auch Sportminister. In ebendieser Funktion hat er dem Sport sehr gutgetan. Durch Maßnahmen, Ideen und vor allem dadurch, dem Sport ein neues Erscheinungsbild gegeben zu haben. Nicht selten eröffnete Gusenbauer Pressekonferenzen damals mit dem Satz: „Haben Sie heute schon Sport betrieben?" Ähnliches ist von Vorgängern und Nachfolgern nicht überliefert. Gusenbauer war ein durchaus passabler Tischtennisspieler und betrat die Bühne des Sports nicht immer nur bei den großen Medien- und Seitenblicke-Events wie Skirennen in Kitzbühel oder Fußballspielen im Ernst-Happel-Stadion, sondern scheute auch sogenannte sportliche Nebenschauplätze nicht. Er tauchte ebenso bei Schwimmern, Ruderern, Tischtennis-Events und Kanuten auf. Das machte durchaus Eindruck und sorgte zwischenzeitlich innerhalb der Sport-Community, die sich in geschlossener Übereinstimmung ohnedies im Vergleich zu den Kulturschaffenden des Landes immer stiefmütterlich behandelt sah, für Aufbruchsstimmung.

Vor und nach Gusenbauer sind die sportpolitischen Highlights der SPÖ überschaubar geblieben.

Norbert Darabos, dessen Amtsantritt als Sport- und Verteidigungsminister noch heftig umjubelt und von extrem hoher Erwartungshaltung begleitet wurde, hinterließ am Ende seiner Amtszeit ebenso mehr Enttäuschte als Glückliche, wie auch einige Jahre nach ihm Hans Peter Doskozil. Und die von Nachhaltigkeit geprägten Errungenschaften von Sport- und Verteidigungsminister Gerald Klug, von denen Österreichs Sport bis heute zehrt, sind in den folgenden Zeilen im Vollumfang aufgelistet:

Wobei aus alledem nicht der Eindruck entstehen darf, dass der Sport der SPÖ nicht wichtig wäre. Was sich auch daraus ablesen lässt, dass man, immer dann, wenn es darum geht, prestigeträchtige Posten im Sport zu besetzen, nicht wirklich defensiv auftritt. Dazu muss man wissen, dass der Präsident der de facto überparteilichen BSO (Bundes-Sportorganisation) seit Jahrzehnten aus dem Umfeld der SPÖ nominiert wird. Hier stolpert man über Männer wie Peter Wittmann (früher auch – durchaus bemühter – Staatssekretär für Sport) oder Franz Löschnak (vormals SPÖ-Innenminister).

2016 galt es einen Nachfolger für Herbert Kocher an der Spitze der BSO zu finden und schnell wurden SPÖ-affine Sportfunktionäre auf Franz Voves aufmerksam. Der Sozialdemokrat war einst nicht nur steirischer Landeshauptmann, sondern immerhin auch Eishockey-Nationalspieler und damit definitiv ein glaubwürdiger Vertreter des Sports. Meinten viele in der SPÖ und in sportlicher SPÖ-Nähe. All jene hatten freilich ihre Rechnung ohne Rudolf Hundstorfer gemacht. Der wurde wenige Monate nach seinem desaströsen Abschneiden im ersten Wahlgang zur Bundespräsidentenwahl 2016 zum Präsidenten besagter BSO gewählt und bis heute fragen sich viele innerhalb der Sport-Community, warum es die Bundes-Sportorganisation als Dach des gesamten Sports in Österreich unbedingt darauf anlegen musste, sich mit der Aura eines Mannes zu umgeben, der für ein historisches Wahldebakel der SPÖ in alle Ewigkeit mit seinem Namen stehen wird.

Egal, SPÖ (Hundstorfer) schlägt SPÖ (Voves) und auch sonst schaut man schon darauf, dass der Sport in seinem Wirkungskreis nicht etwa anders eingefärbt werden könnte.

Darüber kann auch ein Mann ein Liedchen singen, der am anderen Ende des politischen Spektrums steht: Karl Schweitzer. Anfang 2007 schied Karl Schweitzer (FPÖ) nach rund vier Jahren aus seinem Amt als Sportstaatssekretär (in der Regierung von Wolfgang Schüssel) aus. 2008 trat Walter Pillwein als Generalsekretär der BSO in den Ruhestand und die BSO schrieb den Posten um seine Nachfolge öffentlich aus. Karl Schweitzer (entsprechend der Ausschreibung dafür offenbar bestens geeignet) bewarb sich und erhielt kurz darauf einen Anruf von BSO-Präsident Franz Löschnak (vormals SPÖ-Innenminister). Es ergab sich folgender Dialog:

Löschnak: „Bitte Karl zieh deine Bewerbung wieder zurück."

Schweitzer: „Warum, ich sehe mich dafür bestens qualifiziert und will das gerne machen."

Löschnak: „Aber du weißt doch, dass du dafür bei der falschen Partei bist. Der Präsident der BSO ist immer aus der SPÖ und daher muss der Generalsekretär aus der ÖVP sein."

Ex-Politiker Peter Westenthaler, 2002 bis 2004 auch Vorstand der österreichischen Fußball-Bundesliga, bewertet bis heute die Sportlandschaft anhaltend kritisch:

„Der Sport in Österreich ist nach wie vor völlig verpolitisiert durch Union und ASKÖ. Kein Politiker hat es geschafft, das je aufzulösen, wiewohl Norbert Darabos diesbezüglich sogar ganz gute Ansätze hatte." Und Westenthaler sieht größere Probleme: „Österreich bricht die Sportinfrastruktur völlig weg. Die Stadt Wien ist im Sportbereich ein infrastruktureller Friedhof und so wird der Sport auch künftig ein Schattendasein führen. Ich fürchte, es sagt schon viel über den Sport aus, wenn nach dem Nuller in der Medaillenbilanz von London 2012 eine Olympia-Bronzemedaille von Rio 2016 groß bejubelt wird."

Der Sport wird seit jeher (und nicht nur in Österreich) als „schönste Nebensache der Welt" ausgerufen. Widmen wir uns daher wieder den großen Bühnen. Um ein paar Kernthemen der nationalen und internationalen Politik wie Wirtschaft oder Bildung. Reden wir also über die Menschen von morgen. Über die Leistungsträger von übermorgen. Reden wir über Bildung. Nennt man die Begriffe SPÖ und Bildung, ist es nicht mehr weit zum Begriff der Gesamtschule. Zum – sagen wir besser – überstrapazierten Begriff der Gesamtschule. Kaum eine Begrifflichkeit in Zusammenhang mit Schulpolitik in Österreich polarisierte in den letzten Jahren dermaßen wie der Begriff der Gesamtschule. Nun, worum geht's eigentlich im nimmermüden Kampf um Dogmen und Begrifflichkeiten, um Weltanschauungen und um Vorurteile, die von allen Seiten daherkommen, wenn man das Wort Gesamtschule auch nur in den Mund nimmt. Nähern wir uns zunächst einmal der Begriffsdefinition (Quelle: Wikipedia):

„Die Gesamtschule ist eine Schulform, bei der die Differenzierung zwischen den möglichen Bildungsgängen (Hauptschule, Realschule, Gymnasium) innerhalb einer Schule vorgenommen wird bzw. verschiedene Bildungsgänge an ein und derselben Schule angeboten werden. Dabei umfasst der gymnasiale Bildungsgang an einer Gesamtschule nicht unbedingt auch die gymnasiale Oberstufe."

Und über eine derartige Begriffsdefinition lässt sich tatsächlich seit Jahren und Jahrzehnten dermaßen emotional streiten? Ja, lässt sich.

Um es besser auf die emotionale Ebene herunterbrechen zu können, verwendet ein ÖVP-naher Bildungsexperte in einem Gespräch zu diesem Buch Begriffe wie „Wir züchten nur mehr Idioten . . . Nivellierung nach unten . . . SPÖ-Wählerpotenzial für die Zukunft . . ." Dem gegenüber beklagte eine SPÖ-nahe Bildungsexpertin Ähnliches. Nur andersrum Richtung ÖVP: „Krankhaftes Elitedenken der ÖVP . . . Vernichtung aller Lebenschancen für Kinder aus ärmeren Schichten . . . Stillstandspolitik made by ÖVP."

Nun, schlagen wir also nach, um mehr zu erfahren. Zum Beispiel im legendären SPÖ-Parteiprogramm anno 1998=2017. Ebenda erfahren wir auf Seite 23 unter den Punkten 12 und 13 folgendes:

Wir treten für ein durchlässiges Bildungssystem vom Kindergarten über eine gemeinsame Schule der 6-14-Jährigen bis zu vielfältigen weiterführenden Angeboten ein. Dort sollen Lernprozesse in einer modularen Form gestaltet werden, die es ermöglicht, sie auch nach der schulischen Erstausbildung jederzeit zu ergänzen und zu vertiefen.

Wir treten für eine Weiterentwicklung der Oberstufe ein. Sie muß breite berufsfeldorientierte Grundqualifikationen, umfassende Allgemeinbildung und Schlüsselqualifikationen vermitteln. Dies bedeutet eine deutliche Rücknahme des Spezialisierungsgrades und intensivere Zusammenarbeit zwischen den verschiedenen Schultypen bis hin zur Schaffung neuer und auf die Erfordernisse der Region abgestimmter gemeinsamer Schulformen unter Einbeziehung der Berufsschule.

Oder schlagen wir auf der SPÖ-Website anno 2017 nach (https://spoe.at/positionen-beste-bildung-fuer-alle) und lesen wir:

. . . . Alle Kinder und besonders jene aus sozial schwierigen Situationen sollen in Genuss der besten Bildung kommen. Dazu gehört die Gesamtschule, die nachweislich die besten Ergebnisse für Alle erzielt. Auf dem Weg dorthin werden die Hauptschulen und AHSen, die dies möchten, nach und nach zu Neuen Mittelschulen aufgewertet. . . .

. . . . Neue Mittelschule
Die Neue Mittelschule (NMS) ist ein wichtiger Schritt auf dem Weg zur gemeinsamen Schule und sorgt für beste individuelle Förderung unserer Kinder. Die Einführung der Neuen Mittelschule als Regelschule ist ein bildungspolitischer Meilenstein: Bis 2015/16 werden alle Hauptschulen – und interessierte AHS-Unterstufen – zu Neuen Mittelschulen aufgewertet . . . .

Vom Aktualisierungsbedarf auf diversen „aktuellen" Webseiten mal ganz abgesehen, liest sich das alles in gewisser Weise recht ähnlich und lässt sich de facto unter dem Ruf nach der Gesamtschule subsummieren. Gefordert 1998. Gefordert 2017.

Also überprüfen wir, ob die Forderungen von dereinst auch noch – im wahrsten Sinn des Wortes – Kernanliegen der Partei und des Bundeskanzlers von 2017 sind?

Ja, sind Sie. Im Plan A erschallte der Ruf nach der Gesamtschule, nach dem Ausbau und daher nach erhöhten Mitteln für die Ganztagsschule, nach (2017 offenbar noch nicht gewährleisteter) Chancengleichheit für alle Kinder. Es kommt dazu die Forderung nach Tablets, nach den besten Möglichkeiten für Lehrer und Lehrerinnen.

Forderungen über Forderungen, die erhoben werden und Kinder, Eltern, Lehrer und Beobachter des Bildungssystems bleiben in Verwunderung zurück. Deshalb in Verwunderung, weil eine Frage über allem steht: Warum ist all das, was Kanzler Christian Kern im Jahr 2017 einfordert, eigentlich noch längst nicht umgesetzt? Von den letzten elf UnterrichtsministerInnen stellte die SPÖ nicht weniger als neun. Der Bogen reicht von Leopold Gratz (1970) bis zu Claudia Schmied, Gabriele Heinisch-Hosek und Sonja Hammerschmied, die in den letzten zehn Jahren das Sagen in bildungspolitischen Fragen hatten. Ein paar verhaute PISA-Tests und ein paar Verhandlungen mit schwer überzeugbaren Gewerkschaftern wie Fritz Neugebauer später scheint sich nahezu alles immer nur um die Frage nach der Gesamtschule gedreht zu haben. Beziehungsweise darum, wie man am Ende des Tages, was wie verpacken und verkaufen könnte, um bildungspolitische Einbetonierer von SPÖ und ÖVP als Sieger verkaufen zu können. Und: Ist der Weg in die bzw. der Weg weit weg von der Gesamtschule tatsächlich das Thema aller Themen im Bildungsbereich? Nein, sagt zum Beispiel Peter Westenthaler, dem man weder extreme Nähe zur SPÖ noch zur ÖVP nachsagen darf:

„Da handelt es sich sicher um eines der Kernprobleme in der SPÖ: Da geht einfach nichts weiter. Die Lehrergewerkschaft ist ÖVP-dominiert, die andere Seite von der SPÖ. Generell meine, dass das Bildungssystem in Österreich trotz allen PISA-Ergebnissen so schlecht gar nicht ist, aber auch da ist wahnsinnig viel steckengeblieben. Wenn sich Kanzler Kern heute im Plan A brüstet, dass jedes Schulkind einen Laptop oder ein Tablet bekommen soll, dann frage ich mich, warum es das nicht längst alles gibt . . ." Und Westenthaler weiter: „Inhaltlich macht mir vor allem die SPÖ-Grundhaltung zu Bildungsthemen der Nivellierung nach unten große Sorgen. Das ist brandgefährlich. Warum soll es keine intellektuelle Elite in diesem Land mehr geben? Wir leben in einer Welt der unterschiedlichen Begabungen. Das muss man fördern und nicht bekämpfen."

Autsch, SPÖ-FreundInnen werden aufjaulen, von einem Mann, von dem man sicher behaupten wird, dass er weltanschaulich einer ganz anderen Welt entstammt, ausgerichtet zu bekommen, dass er im Zusammenhang mit der Gesamtschule von Nivellierung nach unten spricht. Freilich: Westenthaler steht mit dieser Meinung sicher nicht alleine da. Fakt: Hier prallen Weltanschauungen in einer gefährlichen Melange mit Emotionen aufeinander.

Auch Polit-Insider und Journalist Peter Rabl geht mit der SPÖ in Bildungsfragen äußerst hart ins Gericht. Wohl auch mit der Erfahrung eines Mehrfachvaters. „Da ist sicher ein dramatisches Scheitern der SPÖ in der Frage der Bildungspolitik. Vor allem in Wien. Man hat die elementaren Herausforderungen, die sich aus Zuwanderung und Integration ergeben haben, verschlafen und versteckt sich dafür seit 100 Jahren hinter der Debatte um die Gesamtschule. Die Zukunft läge sicher in der Ganztagsschule, wo die Kinder den ganzen Tag Deutsch sprechen müssen. Das wäre viel sinnvoller als am Dogma der Gesamtschule festzuhalten." Und Rabl weiter: „In Wien gibt es das immer eklatantere Problem der türkischen Kinder in den Schulen. In ganzen Wiener Bezirken wird das immer mehr zur Bildungsmisere und die SPÖ greift dieses Thema aus zwei Gründen nicht und nicht an: Erstens, weil es noch immer den Flügel in der SPÖ gibt, der von der Multikulti-Gesellschaft träumt und zum anderen wollte und will man nicht Jörg Haider bestätigen. Die Art und Weise, wie Jörg Haider mit dem Thema der Zuwanderung und der Integration umgegangen ist, blockiert bis heute die SPÖ. Sie haben versucht, das Problem einfach wegzudrängen."

Nicht viele Themenbereiche in der österreichischen Innenpolitik zeigen so scharfe Trennlinien zwischen links und rechts innerhalb des Polit-Spektrums auf wie die Diskussion zum Thema Gesamtschule. Was sich auch daraus ablesen lässt, dass die diesbezügliche SPÖ-Linie von Daniela Holzinger-Vogtenhuber Verteidigung erfährt, deren Liebe zur SPÖ stark erkühlt ist. Weltanschaulich folgt sie in diesem Punkt aber nach wie vor den Sozialdemokraten: „Ich halte die intern differenzierte, gemeinsame Schule für das Schulmodell der Zukunft. Denn kein Kind kommt Mittelschule-g'scheit auf die Welt, während das andere Gymnasium-g'scheit ist. Vielmehr gibt es unterschiedliche Talente und Begabungen, die es zu fördern gilt, auf möglichst hohem Niveau."

Und Holzinger-Vogtenhuber weiter in Richtung ÖVP: „Die Einführung der allgemeinen Schulpflicht durch Maria Theresia war ein großer bildungspolitischer Sprung nach vorne. Gleichzeitig gilt es aber knapp 250 Jahre danach, den nächsten großen Schritt zu tun und alle Kinder als gleichwertig und talentbegabt anzusehen. Alleine die Koalition mit der ÖVP verhindert, hier die notwendigen Schritte setzen zu können und sorgt immer wieder für unausgegorene Kompromisslösungen, bei denen der Fortschritt im Vergleich zum Status quo oft mit der Lupe zu suchen ist."

Den Vorwurf, in der Bildungsdiskussion zu blockieren, will Reinhold Lopatka freilich nicht auf sich sitzen lassen.

Er spielt den Ball zurück zur SPÖ: „Seit 1990 verbeißt sich die SPÖ in das Thema der Gesamtschule und übersieht dabei den Aufholbedarf in allen anderen Bereichen der Bildung."

Diskussionen zu Themen, bei denen keine Aussicht auf Einigung besteht, beschließt man gerne mit der stets verbindlichen Formulierung „Let's agree to disagree". Wobei: Dermaßen groß ist die Uneinigkeit eigentlich gar nicht.

Wie meinte doch schon 1888, 1889 der Gründungsvater der Sozialdemokraten, Victor Adler, anlässlich des bereits erwähnten Einigungsparteitages in Hainfeld? „Der Staat aber hat auch ein Interesse daran, dass keine dummen, blöden Bürger herangezogen werden und der Staat, der für dieses Interesse nicht eintritt, schließt sich von dem Strom der Zeit aus und muss früher oder später zu Grunde gehen. Der Staat hat ein Interesse daran, eine intelligente Bevölkerung zu erziehen, schon darum, um gute Soldaten und gute Steuerzahler zu haben." Letzteres ganz bestimmt.

Womit wir auch schon mitten in einer wichtigen Auseinandersetzung wären. Im Match um die soziale Frage. Auch hier geht es innerhalb der österreichischen (und internationalen) Politik scharf nach rechts, scharf nach links und wieder retour.

Die SPÖ sieht sich und definiert sich – auch schon entsprechend dem Namen „*Sozial*demokratische Partei Österreichs" – als die soziale Partei Österreichs. Demgegenüber promotet sich die FPÖ als „soziale Heimatpartei" und auch ÖVP, Grüne, NEOS und andere Mitbewerber in der Parteilandschaft heften sich an die Fahnen, sozial zu sein. Nun, was ist eigentlich sozial?

Da lohnt sich in erster Linie einmal ein Blick in den Rückspiegel. Für die Nationalratswahl des 1. Oktober 2006 ließen die SPÖ und ihr Kanzlerkandidat Alfred Gusenbauer plakatieren und inserieren:

„Sozialfighter statt Eurofighter" – dermaßen warf man VP-Chef und Bundeskanzler Wolfgang Schüssel unsoziales Handeln vor, weil er – so die Plakate – zwar 6 Milliarden Euro für unnötiges Kriegsgerät in Form besagter Eurofighter aufbringe, aber kein Geld da wäre für Pensionserhöhungen, gegen die Zwei-Klassen-Medizin, für Schulen und Kinderbetreuungsplätze. Härter kann man die Kluft zum Sozialverständnis wohl kaum auf den Punkt bringen – aus Sicht der SPÖ. Und schon schritt die SPÖ zur Tat: 2017 (also ein paar Tage nach der Nationalratswahl am 1. Oktober 2006) kündigte der SPÖ-Verteidigungsminister Hans Peter Doskozil „das Ende der Eurofighter" an. Und zwischen 2006 und 2017 war und lebte Österreich deshalb ganz und gar asozial? Nein. Österreichs gilt aus der Sicht der meisten Experten sehr wohl als Wohlfahrtsstaat. Oder gar als übersozialisiert. Auch Österreichs Sozialministerium, in den Jahren seit 2007 fest in SPÖ-Hand, betont die Bedeutung Österreichs als Wohlfahrtsstaat und keine politische Partei oder Bewegung in diesem Land wird sich nicht an die eigenen Fahnen heften, eine starke soziale Ausrichtung zu leben. Unterschiedliche Zugänge zum Thema Soziales gibt es aber sehr wohl. Nicht nur beim Thema Flüchtlinge oder Mindestsicherung. Generell. Für die ÖVP definiert Reinhold Lopatka den Begriff wie folgt:

„Da gibt es große Unterschiede zwischen SPÖ und ÖVP. Für mich ist der Steuerzahler sozial, der bereit ist, immer seinen Beitrag zu leisten, um unser Sozial- und Gesundheitssystem zu finanzieren und nicht die Politiker, die das Geld verteilen." Und mit einem Seitenhieb in Richtung SPÖ: „Die SPÖ setzt den Begriff *sozial* eben erst beim Verteilen an. An diesem Punkt gab es ständig Auseinandersetzungen zwischen SPÖ und ÖVP. Vor allem auch im Bereich der Mindestsicherung gibt es da elementare Unterschiede zur SPÖ. Da liegen wir weltanschaulich sehr weit auseinander."

Wie die SPÖ den Begriff *Soziales* definiert, lässt sich am besten dem offiziellen Text aus Parteiprogrammen und Plan-A-Vorhaben ablesen:

„. . . Wir Sozialdemokratinnen und Sozialdemokraten setzen uns für Gerechtigkeit in allen gesellschaftlichen Bereichen ein. Wir treten daher für eine gerechte Verteilung aller gesellschaftlichen Chancen und Güter ein, insbesondere für Arbeit und Bildung sowie Einkommen und Vermögen. Wir treten für die gleichberechtigte Teilhabe aller an der Gesellschaft ein und stehen dabei an der Seite der sozial Schwächeren. Unser Ziel ist eine Gesellschaft freier und gleicher Menschen, in der die Klassenunterschiede überwunden sind . . ."

„Ja, das entspricht meiner Auffassung des Begriffs *sozial* sehr gut", kann auch Daniela Holzinger-Vogtenhuber, SPÖ-Kritikerin und SPÖ-Nationalratsabgeordnete von 2013 bis 2017, sehr gut mit ebendieser Definition leben. Sie schickt aber höchst kritische Ansätze hinterher: „Um jedoch zu durchschauen, dass dieser Werbeslogan wenig mit der heutigen Politik und Seele der SPÖ zu tun hat, dazu musste ich erst für diese Partei in den Nationalrat gewählt werden." Und teils versöhnlich: „Wenngleich ich nicht unerwähnt lassen möchte, dass es die ehrlich überzeugten GenossInnen schon auch gibt. An der Basis genauso wie im Parlamentsklub. Leider aber zu wenige und zu schwach, um den harten Befund zu entkräften", so Holzinger-Vogtenhuber abschließend.

Thematisiert man den gesellschafts- und realpolitischen Begriff *sozial* kommt man an zahlreichen Weggabelungen vorbei. Dann spricht man über Bildung, über Pensionen, über das Gesundheits- und Krankensystem, über Krankenkassen und über Sozialversicherungsträger. Österreich sei grundsätzlich in diesem Bereich bei allen unterschiedlichen Weltanschauungen gut aufgestellt und wohl fit für die nächsten Jahrzehnte, wird man beruhigen. Auch und vor allem im weltweiten Vergleich, wenn man vom immer wiederkehrenden Vorwurf absieht, dass Österreichs Generation von gestern und heute auf dramatische bis unverschämte Weise auf Kosten der Generation von morgen und übermorgen lebt. Geht man im Bereich der Sozialpolitik in die Tiefe, führt kein Weg an den Themen Flüchtlings- und Integrationspolitik vorbei. Und am Reizwort Mindestsicherung. Nähert man sich wiederum dem Thema Mindestsicherung, führt der Weg unweigerlich in die Stadt Wien.

Immer der Reihe nach. Gehen wir zurück ins Jahr 2015. 2015 versuchten in Summe mehr als eine Million Menschen die Einwanderung über das Mittelmeer in die Europäische Union. Rund 850.000 kamen in Griechenland an, etwa 150.000 Flüchtlinge landeten in Italien. Fast 3.800 Menschen starben beim Versuch, eine neue Heimat in Europa zu finden. Insgesamt wagten viermal so viele Menschen wie 2014 die Reise über das Mittelmeer. Fast die Hälfte der Menschen kam aus Syrien, jeder Fünfte stammte aus Afghanistan, viele flohen aus dem Irak. Die meisten Einwanderungswilligen wählten die Balkanroute. In den ersten zehn Monaten des Jahres 2015 gelangten so fast 700.000 Menschen von Griechenland nach

Zentraleuropa. Als Ursachen für besagte Flucht und Migration galten neben dem Bürgerkrieg in Syrien auch der islamistische Terrorismus wie (und genau das sollte in weiterer Folge zu erhitzten Gemütern führen) mangelnde wirtschaftliche Perspektiven in den Herkunftsländern der Asylwerber. Von manchen Wissenschaftern wurde auch ein extrem hoher Anteil an Jugendlichen in den Gesellschaften der Herkunftsländer als Fluchtursache angesehen.

Nun ja, dem Thema der Flüchtlingsbewegung ab 2015 sind Studien über Studien, Tonnen an Gutachten, TV-Serien und vor allem Emotionen über Emotionen geschuldet. Beschränken wir uns hier und jetzt daher auf eine kurze Zusammenfassung. Monatelang dominierten Bilder von toten Kindern, von bemitleidenswerten Menschen, von kenternden Booten, überfüllten Herbergen, niedergetrampelten Zäunen, überforderten Behörden und Politikern die Diskussion in Europa. Ein Kontinent war aufgerufen, zu helfen. Und tat dies in höchstem Maße. Diskussionsrunden und Krisenstäbe folgten auf Diskussionsrunden und Krisenstäbe. Auch und vor allem in Deutschland. Auch und vor allem in Österreich.

Irgendwann am Höhepunkt besagter Flüchtlingswelle (Ungarns Präsident Victor Orbán hatte längst die Grenzen zu seinem Land dichtgemacht und in Österreich waren es in erster Linie Politiker der FPÖ, die von einer Überforderung Österreichs und der Menschen in Österreich sprachen) reduzierte sich – in brutal gekürzter Form – alles auf ein paar Bilder und auf einen einzigen Satz. Die Bilder, die Europa und hier vor allem Deutschland und Österreich bewegten, zeigten Österreichs seinerzeitigen Bundespräsidenten Heinz Fischer, als er ankommenden Menschen an der Grenze die Hand schüttelte und sie willkommen hieß, und vor allem war und ist es der Umstand, dass Deutschlands Kanzlerin Angela Merkel (die sich nicht erst seit Aufkommen der Flüchtlingskrise von 2015 als Europas starke Frau und starke Stimme definierte und definieren ließ) reihenweise Selfies mit den ankommenden Menschen schoss und in fast euphorisch wirkender Art und Weise zu ebendieser Form der Erweiterung Europas Stellung nahm – mit dem längst historischen Satz: *„Wir schaffen das.“*

„Wir schaffen das.“ – Angela Merkel und Österreichs damaliger Bundeskanzler Werner Faymann waren in dieser Zeit Triebfedern, Koordinatoren und Krisenweglächler. Immer an der Schnittstelle zwischen Humanität und dem sich später weg von der Willkommenskultur entwickelnden Gefühl innerhalb der nationalen Grenzen. Immer mit einem Blick auf kommende Wahlen.

„Wir schaffen das“ – ein Satz, der bis heute die Gemüter in Europa erhitzt, Zuspruch wie Widerspruch erzeugt. Drei Worte der deutschen Kanzlerin, die mit dem Abstand von Jahren in Österreich immer mehr Ablehnung erfahren haben.

Zurück zu Reinhold Lopatka von der ÖVP, der das im Jahr 2017, also zwei Jahre nach dem großen Flüchtlingsstrom von 2015 ganz anders bewertete. „Im Jahr 2015 haben das verantwortliche Politiker in Deutschland und in Österreich am Beginn der großen Flüchtlingswelle zu optimistisch gesehen. Ich erinnere da an diesen legendären Satz von Angela Merkel: „Wir schaffen das.“ Heute wissen wir: „Wir schaffen das nicht, aber Teile der SPÖ liegen nach wie vor falsch in ihrer Positionierung.“

Klar, Themen und Schlagwörter wie Migration, Zuwanderung, Flüchtlinge und Ausländer dienen in (fast) jedem Land und in (fast) jedem Wahlkampf als Munition.

Um Willkommenseuphorie und die nicht enden wollende Hilfsbereitschaft in Österreich nicht in ihrer Wirkung zu gefährden, haben sich jene, die vor den sogenannten Spätfolgen und dringend zu setzenden Maßnahmen in Folge der Flüchtlingswelle von 2015 warnten, lange im Hintergrund gehalten. Wer will schon und wer traut sich schon laut dagegen auftreten, wenn kranke und vom Tod bedrohte Kinder von Rettern aus Booten (in desolatem Zustand) aus den Fluten gerettet werden? Auf die völlig entemotionalisierte Ebene heruntergebrochen, hat die ausufernde Flüchtlingswelle des Jahres 2015 Österreich zweifelsfrei nachhaltig verändert und Handlungsbedarf geschaffen. Im Bereich der Integration, im Bereich des Gesundheitssystems, im Bereich der Bildung, im Bereich der Mindestsicherung. Womit wir endgültig in Österreichs Bundeshauptstadt gelandet wären.

Will man erfahren, wie die SPÖ tickt, führt der Weg direkt nach Wien. Hätte es in den Jahren 1888 und 1889 in Wien kein Versammlungsverbot gegeben, wäre wohl auch der Einigungsparteitag der Sozialdemokraten nicht im niederösterreichischen Hainfeld, sondern in Wien über die Bühne gegangen. Wien – das klingt nach Kultur, nach Tourismus, nach gutem Essen. Wien – das klingt nach Parlament, nach Rathaus, nach der SPÖ-Zentrale in der Löwelstraße in Gehentfernung zum berühmten, legendären Café Landtmann. Wien – das klingt auch nach Leopold Gratz, nach Helmut Zilk, nach Michael Häupl – Wiener Bürgermeister zwischen 1973 und 2017. Wien – das klingt nach SPÖ. Wer die SPÖ verstehen, wer die SPÖ führen will, für den führt kein Weg vorbei am roten Machtzentrum.

In Wien gewinnt die SPÖ Wahlen, in Wien verliert die SPÖ Wahlen. Ohne Wien geht rein gar nichts in der SPÖ.

Verliert ein SPÖ-Vorsitzender den Rückhalt aus Wien, sind seine Tage gezählt. Werner Faymann kann ein Lied davon singen ... Wiens SPÖ gibt in zahlreichen politischen Themenbereichen die Linien für die Bundespartei vor. Und geht dennoch auch oft ganz eigene Wege. Wie zum Beispiel (und somit spannen wir wieder den Bogen zu 2015 und den daraus resultierenden Spätfolgen) im Bereich der Mindestsicherung. Wer in Wien welche Höhe an Mindestsicherung beziehen kann, daraus machen die Stadt Wien und die SPÖ Wien gar kein großes Geheimnis. Auf *www.wien.gv.at* bekommt man alle Informationen, derer es bedarf, um Mindestsicherungsbezieher zu werden. Sind Sie der deutschen Sprache nicht mächtig, erhalten sie besagtes Hintergrundwissen und den Guide in die Mindestsicherung auch in englischer, türkischer oder kroatischer Sprache.

Also, wie werde ich nun in Wien zum Mindestsicherungsbezieher? Wo muss ich ansuchen, wieviel bekomme ich? Alles fein säuberlich aufbereitet für jede Frau und jeden Mann. Man erfährt:

Die Mindestsicherung bietet neben der finanziellen Unterstützung zur Sicherung des Lebensunterhalts und Wohnbedarfs auch intensive Förderung bei der Jobsuche sowie sozialarbeiterische Beratung und Unterstützung. Wer nicht krankenversichert ist, erhält zudem auch eine e-card und damit vollkommen gleichen Zugang bei Ärztinnen, Ärzten und in Spitälern.

Die Mindestsicherung wird 12 Mal pro Jahr ausbezahlt. Die Dauerleistung wird weiterhin 14 Mal im Jahr zuerkannt. Bezieherinnen und Bezieher der Mindestsicherung erhalten auch automatisch den Mobilpass zuerkannt.

Für die Prüfung des Anspruchs auf Mindestsicherung ist ein schriftlicher Antrag erforderlich.

Und weiter:

Ziele der Wiener Mindestsicherung

- *Vermeidung und Bekämpfung von Armut und sozialer Ausgrenzung*

- *Unterstützung beim Einstieg oder Wiedereinstieg ins Arbeitsleben*

Wer hat Anspruch?

Österreichische Staatsbürgerinnen und Staatsbürger oder gleichgestellte Personen mit rechtmäßigem Aufenthalt, wenn sie

- *dauerhaft in Wien leben (Hauptwohnsitz oder ständiger Aufenthalt) und*
- *ihr Einkommen unter dem jeweiligen Mindeststandard liegt und*
- *ein unterschriebener Antrag auf Mindestsicherung vorliegt.*

Weiter geht's:

Höhe der Mindeststandards

- *Alleinstehende, Alleinerzieherinnen oder Alleinerzieher: 837,76 Euro*
- *Paare (pro Person): 628,32 Euro*
- *Kinder (pro Kind): 226,20 Euro*

Mit einem weiteren Klick geht es direkt zum Formular, mit dessen Hilfe man die Mindestsicherung, ausgeschüttet durch die Stadt Wien, beziehen kann. Zuvor nähern wir uns noch ein weiteres Mal folgender Formulierung auf der Website:

Österreichische Staatsbürgerinnen und Staatsbürger oder gleichgestellte Personen mit rechtmäßigem Aufenthalt.

Heißt im Klartext für Polemiker (und Kritiker): Jeder und Jede ...

Eine SPÖ-Politikerin aus Westösterreich, die darum bat, in diesem Buch nicht namentlich genannt zu werden, sieht den Zugang ihrer Wiener GenossInnen in diesem Punkt höchst kritisch: „Was Wien hier vorlebt, ist eine offene Einladung an alle, nach Wien zu kommen und sich Geld schenken zu lassen. Damit tut man weder der SPÖ noch den Menschen in Österreich einen Gefallen."

Kritiker kreieren längst Begrifflichkeiten wie Mindestsicherungstourismus und für politisch und weltanschaulich Andersdenkende von rechts bis halblinks, macht die Wiener SPÖ derart eine Flanke auf, die nur schwer gegenüber den eigenen Bürgern zu erklären ist. Vor allem ab dem Tag des Jahres 2017, an dem bekannt wurde, dass Wien erstmals mehr Ausländern (75.200) denn Österreichern (75.080) die Mindestsicherung ausbezahlte. Vor allem auch im Wissen, dass die Wiener SPÖ-Verantwortlichen sich dafür verantworten müssen, Schulden über Schulden anzuhäufen.

Laut https://staatsschulden.at/wien sieht der Verschuldungsstand der Stadt Wien unter Berufung auf Statistik Austria und den Österreichischen Rechnungshof auf Basis letzter verfügbarer Zahlen so aus: 6.939.000.000 – in Worten: Sechs Milliarden, Neunhundertneununddreißig Millionen – ein festes Paket, das hier Wiens Bevölkerung Jahr für Jahr zugestellt wird.

Es bedarf keiner weiteren Polarisierung und auch keines Wahlkampfes um zum Schluss zu kommen, dass Wiens Mindestsicherungspolitik des Jahres 2017 in Gegenüberstellung zum Schuldenstand nicht überall auf Verständnis stoßen wird . . .

Und auch Österreichs höchstes Prüforgan, der Rechnungshof, kritisierte die Stadt Wien in seinem Bericht 2017/8 – Reihe Wien zum Thema „Bedarfsorientierte Mindestsicherung in Wien“ teilweise scharf. Zunächst listete der Rechnungshof in besagtem Bericht folgende Fakten auf:

Merkmale von MindestsicherungsbezieherInnen:

Die Anzahl der MindestsicherungsbezieherInnen in Wien stieg im Zeitraum 2010 bis 2015 um 71 Prozent auf 138.592 BezieherInnen; Ende des 1. Halbjahres 2016 waren es bereits 151.058 BezieherInnen. Besonders auffällig waren im Zeitraum 2010 bis 2015:

- *der starke Anstieg von MindestsicherungsbezieherInnen im arbeitsfähigen Alter von 20 bis 59 Jahren (+74 Prozent),*

- *der mehr als 2,5-fache Anstieg der nicht-österreichischen MindestsicherungsbezieherInnen,*

- *der Anstieg der Anzahl mindestsicherungsbeziehender Asyl- und subsidiär Schutzberechtigter auf mehr als das Dreifache sowie*

- *die Verdoppelung der Anzahl der BezieherInnen mit ganzjähriger Unterstützung*

Der Rechnungshof nahm in weiterer Folge unter die Lupe, wie denn die Stadt Wien die Mindestsicherung für In- und Ausländer bzw. Asyl- und subsidiär Schutzberechtigte abwickelt und zeigte dabei eine ganze Reihe erheblicher Missstände auf. Auf Seite 13 des Rechnungshofberichts heißt es im Kapitel „Kontrollen“:

„Der RH erachtete wiederkehrende, laufende Leistungsüberprüfungen als wesentliches IKS– und Qualitätssicherungselement der Mindestsicherung in Wien. Der RH kritisierte die unterlassene, unvollständige oder verspätete Durchführung dieser Leistungsüberprüfungen, da diese eine wesentliche Grundlage für die Anpassung, Rückforderung oder Einstellung der Mindestsicherungsansprüche waren . . . Die auf einer Stichprobenziehung beruhenden Aktenkontrollen erfüllte die MA 40 im Jahr 2015 zu weniger als zwei Drittel. Dies war u.a. auf Mängel bei der Stichprobenziehung (Zeitpunkt und Anzahl), auf unauffindbare Akten oder Unzuständigkeit für gezogene Akten zurückzuführen. Bei der Kontrolle wurde weder das Vier–Augen–Prinzip eingehalten noch wurden die festgestellten Mängel erfasst und kategorisiert. Eine Nutzung des Wissens aus den Aktenkontrollen für die Weiterentwicklung von Vollziehung und Kontrolle unterblieb daher weitgehend.“

Und zum Thema Wohnbedarf auf Seite 32 des vorliegenden RH-Berichts heißt es unter 7.2:

„Der RH kritisierte, dass die Stadt Wien den Grundbetrag zur Deckung des Wohnbedarfs auch dann auszahlte, wenn die tatsächlichen Wohnkosten niedriger als dieser Grundbetrag waren, keine Wohnkosten anfielen oder nicht nachgewiesen waren.“

Kritik an der Stadt Wien setzte es im Rechnungshofbericht auch im Kapitel „Mindestsicherung und Fremdenrecht“. Unter Punkt 21.2. heißt es in aller Klarheit:

„... Außerdem kritisierte der RH, dass die Stadt Wien entgegen der zuletzt ergangenen Judikatur des Landesverwaltungsgerichts Wien und entgegen dem Wiener Mindestsicherungsgesetz drittstaatsangehörigen Familienangehörigen mit befristeten Aufenthaltstiteln Mindestsicherungsleistungen gewährte, obwohl diese keinen ausdrücklichen Rechtsanspruch darauf hatten ...“

Schwere Mängel stellte der Rechnungshof im Kapitel „Daten zur Staatszugehörigkeit“ fest. Auf Seite 107 (Punkte 42.1/42.2) stellt der RH fest:

„Der dem RH übermittelte Datenbestand der Datenbank SOWISO für das Jahr 2015 (Stand 2. Juni 2016) enthielt 180.646 Datensätze von MindestsicherungsbezieherInnen. In 19.812Datensätzen (11 Prozent) schien kein Geburtsland auf, 16.770 Datensätze (9 Prozent) enthielten keine Angaben zur Staatsbürgerschaft, bei 7.996 Datensätzen (4 Prozent) fehlten beide Eintragungen. Bei 13.850 Datensätzen von Asyl– und subsidiär Schutzberechtigten waren im Zuge eines Datenabgleichs mit dem ZMR bestehende Eintragungen durch Leerfelder ersetzt worden, obwohl eine selektive Datenübernahme aus dem ZMR ohne Daten-verlust möglich gewesen wäre. Auswertungen aus der Datenbank SOWISO waren somit nur mit erheblichem Mehraufwand zur Reaktivierung von historischen Daten möglich.“

„Der RH kritisierte, dass bei fast 30.000 (16 Prozent) Datensätzen von MindestsicherungsbezieherInnen Angaben zur Staatsbürgerschaft und/oder zum Herkunftsland fehlten.“

Für geübte Oppositionspolitiker ist dieser 150 Seiten starke Rechnungshofbericht zum Thema „Mindestsicherung in Wien“ klarerweise ein Fressen und ließe sich in wenigen Worten und dicken roten Lettern dermaßen plakatieren:

1. Die SPÖ-geführte Stadt Wien macht immer mehr Schulden.
2. Die SPÖ-geführte Stadt Wien gibt im Rahmen der Mindestsicherung immer mehr Geld für Nicht-ÖsterreicherInnen aus.
3. Die SPÖ-geführte Stadt Wien leistet nach Ansicht des Rechnungshofs in zahlreichen (und eben geschilderten) Fällen Zahlungen ohne entsprechende rechtliche Basis bzw. Kontrolle.

Ja, das ist zweifelsfrei der Stoff, aus dem die Träume von Oppositionspolitikern sind.

Dass vieles, was in Wien und in Österreich abgeht, nicht auf Dauer finanzierbar sein wird, ist inzwischen auch gut ausgebildeten Schönrednern und Dauerlächlern klar. Österreich braucht zur Absicherung des Bildungs-, Sozial-, Gesundheits- und Wirtschaftssystems eine Belebung ebendieser Wirtschaft. Die dauerhafte Abhängigkeit von nicht oder nur bedingt steuerbaren Parametern wie Umwelt, Sicherheit und Entwicklung der Wirtschaftsindikatoren in den Ländern rund um Österreich (insbesondere Deutschland) ist keine Strategie mit langem Haltbarkeitsdatum.

Das weiß auch die SPÖ. Das weiß im Jahr 2017 auch SPÖ-Kanzler Christian Kern. Dessen Direkttransfer aus der Wirtschaft (Verbund, ÖBB) in die Politik und an die Spitze der Republik, die er im Mai 2016 als Bundeskanzler erklomm, nährte große Hoffnungen in der österreichischen Wirtschaft. Zwar lasteten viele Christian Kern 2016, 2017 die HELLÖ-Initiative der ÖBB an, die 2016 als Fernbus-Marke der Bundesbahnen groß reüssieren sollte, 2017 aber (nach einem wirtschaftlich wahrlich nicht berauschenden Jahr) an das deutsche Unternehmen FLIXBUS verkauft werden musste. Dennoch wurden große Erwartungen in die ökonomische Impulskraft von Christian Kern gesetzt.

Womit wir wieder beim 2017 von Christian Kern und den Seinen ins Leben geholten Plan A wären. Den Inhalten des Plan A in Wirtschaftsfragen in großem Stil zu widersprechen, macht nur wenig Sinn. Wer ist schon nicht für Vollbeschäftigung, für Lehrlingsunterstützung, für Effizienzsteigerung oder Ähnliches. Bleiben wird wieder einmal die Frage nach der Umsetzbarkeit (davon ausgehend, dass die SPÖ bei Nationalratswahlen zeitnah nicht 50 Prozent und eine Stimme bekommen wird) und vor allem auch danach, ob Christian Kern mit seinen Ideen auch tatsächlich alle innerhalb seiner Partei an Bord hat. Im Fall der Wiener SPÖ sind diesbezüglich bereits Zweifel aufgekommen. Die satte Erhöhung der U-Bahn-Steuer von 178 Prozent von 0,72 Euro auf 2 Euro klingt in dem Zusammenhang wie eine boshafte Erbsenzählerei. Ist es aber nicht. Die U-Bahn-Steuer ist nämlich eine so genannte Dienstnehmerabgabe, die Unternehmen an die Stadt Wien abzuführen haben. Monat für Monat, Mitarbeiter für Mitarbeiter. In einem Land, in dem etwa das Thema der Lohnnebenkosten für Unternehmen ohnedies seit Jahren auf der Agenda steht, nicht wirklich ein weiterer Anreiz. Und manchmal sind es eben die in der Öffentlichkeit gar nicht so sehr wahrgenommenen, kleinen Zeichen, die im modernen Wirtschaftsleben von morgen und übermorgen, wo jeder, der nicht bereit ist, acht Tage pro Woche 25 Stunden pro Tag zu arbeiten, schon schief angeschaut wird, mehr kaputt machen als viele annehmen.

Ein Beispiel aus der Reihe „kleine Ursache, große Wirkung“.

Dazu muss man sich den Umstand vor Augen führen, dass nach der – nennen wir es mal so – weltpolitischen Selbstaufgabe der USA unter Donald Trump, China in Zukunft weltpolitisch den Ton angeben wird. Und die USA in Sachen Wirtschaftskraft eher morgen denn übermorgen überholen wird. China ist das (neue) Land der unbegrenzten Möglichkeiten und jeder Staat bzw. jede(r) Politiker(in), der oder die sich und der eigenen Wirtschaft Gutes tun will, handelt dementsprechend. Es wird schon einen guten Grund geben, dass Deutschlands Kanzlerin Angela Merkel zwischen 2005 und 2017 nicht weniger als zehn offizielle Dienstreisen nach China (Peking, Schanghai, Chengdu, Guangzhou, . . .) absolvierte und im selben oder noch größeren Ausmaß hochrangige politische Vertreter aus China in Deutschland begrüßte. Daher war es auch jedem klar, dass beim so bezeichneten Seidenstraßengipfel in Peking im Mai 2017 ein noch nie da gewesener Auflauf an Staatschefs und Wirtschaftsbossen in Chinas Metropole über die Bühne gehen wird.

Die auch in Österreich empfangbare Live-Übertragung durch den chinesischen Staatssender CGTN International verbrauchte rund eine Stunde damit, Chinas Staatschef Xi Jinping beim Schütteln berühmter Hände am roten Teppich zu zeigen.

Und Österreichs Beitrag?

Zunächst herrschte doch ein wenig Überraschung, dass Österreich als kleines (aber in China immer höchst willkommenes) Land nicht etwa den Bundeskanzler samt Staatsoberhaupt und riesiger Wirtschaftsdelegation nach Peking entsandte, sondern ein SPÖ-Minister namens Jörg Leichtfried für dieses historische Treffen nominiert wurde. Das kommentierten manche so, als würde man eine Autogrammstunde mit der Fußballnationalmannschaft buchen und anstelle von David Alaba, Marko Arnautovic und Kollegen würden dann der Ersatztormann und der Zeugwart erscheinen.

Problem an der Sache: Der Ersatztormann (pardon, Minister Leichtfried) erschien gar nicht in China. Er sagte die Reise kurzfristig ab, weil in Österreich angeblich eine Regierungsumbildung im Raum stand (die Leichtfried weder in China noch in Österreich auch nur im Ansatz beeinflussen oder verhindern hätte können). China hat es notiert und all jene ÖsterreicherInnen, die in und mit China Geschäftsverbindungen unterhalten, werden sich noch herzlich dafür bedanken.

Welt- und wirtschaftspolitische Fauxpas kommen und gehen. Wie Minister. Was bleiben wird, ist der Plan A von Christian Kern. Der ist geschrieben und im Internet für jede Frau und jeden Mann nachlesbar. Und nicht nur das: Am 1. August 2017 präsentierten Christian Kern und die Seinen eine – nennen wir es mal – mutierte Form des Plan A, um den bis dahin etwas holprig verlaufenden Nationalratswahlkampf 2017 wieder etwas zu beleben.

Diesmal hieß der Plan A (bzw. sein Ableger) „Programm für Wohlstand, Sicherheit und gute Laune" und hatte im Wesentlichen wieder die SPÖ-Forderungen des Jahres 1989, des Plan A und Ähnliches zum Inhalt. Wenn man vielleicht vom Slogan „Ich hol mir, was mir zusteht" absieht. Ein Satz mit besten Chancen, auch noch in Jahrzehnten willkommenes Fressen für Satiriker und Kabarettisten zu sein.

Egal. Es wird – wie schon 20 Jahre davor – versprochen, den Großen wie Starbucks oder McDonalds mehr und den Kleinen (Bürgern und Wählern) weniger abzuverlangen. Applaus. Aber warum ist all das nicht in den letzten zwei Jahrzehnten passiert? Es wird eine Investitionsoffensive mit jeder Menge neuer Jobs in Aussicht gestellt. Applaus. Und in den letzten 20 Jahren?

Die Bildung wird verbessert, die Ökologie mehr berücksichtigt, der Staat wird schlanker und damit für die Steuerzahler billiger . . .

Aha, schon wieder? Da war doch einmal was, oder?

Ja, richtig – der, nein pardon, DER Österreich-Konvent, 2003 mit der Zielsetzung ins Leben gerufen, eine Staats- und Verfassungsreform auf Schiene zu bringen, die Österreich schlanker, fitter, kräftiger und (für die Steuerzahler) billiger macht.

Umsetzungsquote?

Irgendwo schwankend zwischen 0,2 und 0,3 Prozent.

Was lernen wir daraus?

Programme sind schnell geschrieben. Egal, ob diese Parteiprogramme, Plan A, Plan B, Forderungskatalog, Plan für Wohlstand, Sicherheit und gute Laune oder Koalitionsabkommen heißen.

Der große Favorit und Stimmenbringer im Volk ist freilich ganz ein anderer Plan. Plan U. U wie Umsetzung.

Seine ganz eigenen Gedanken zum Wirtschafts- und Zukunftsprogramm macht sich Christoph Kotanko. Journalist Kotanko hat einige Jahrzehnte als innenpolitischer Insider und Experte auf dem Buckel, war Chefredakteur beim KURIER, dann bei den Oberösterreichischen Nachrichten im innenpolitischen Einsatz.

Er meint: „Das erste Wirtschaftsprogramm von Bruno Kreisky hatte den Titel „Leistung – Aufstieg – Sicherheit“. Leistung ist heute in der SPÖ diskreditiert, das Steuerkonzept ist umstritten, gallige Umverteilungsideen sind im Vordergrund, nebulose Begriffe wie die angstfreie Schule bestimmten die Agenda. Dabei wären eine bessere schulische und berufliche Bildung, eine faire Steuerpolitik und zukunftsweisende europäische Ideen gegen die Unwägbarkeiten der Globalisierung breitenwirksam." Und Kotanko sieht ein generelles Problem der SPÖ (und damit Österreichs): „Die Sozialdemokratie sollte ihren Anhängern Stabilität in einer konfusen Welt vermitteln. Stattdessen breiten sich in der Partei Frust und Ratlosigkeit aus. Dabei macht die SPÖ auch vieles richtig. Gerechtigkeit zum Beispiel ist ein wunderbares Thema. Dahinter verbergen sich aber Ideen, die von der Mehrheit der Bevölkerung nicht angenommen werden."

Womit alles andere auch schon wieder sekundär wäre. Denn am Ende des Tages (bzw. der Legislaturperiode) kommt stets das Abschlusszeugnis daher. In Form eines Wahlergebnisses. Womit die SPÖ in den letzten Jahren ganz ernsthafte Probleme hatte.

Die Köpfe der SPÖ

30 Persönlichkeiten, die den österreichischen Sozialdemokraten nachhaltig ihren Stempel aufgedrückt haben

Von A wie Adler bis Z wie Zilk – 30 ganz unterschiedliche Menschen, die der SPÖ in über 125 Jahren eine neue Richtung gegeben haben

Sie kennen ja das Spiel. Vielleicht waren Sie auch schon mal Zielperson respektive Opfer einer dieser Straßenbefragungen oder eines Instituts, das Sie (ohne, dass Sie auch nur ansatzweise darum ersucht hätten) telefonisch mit der Bitte kontaktiert hat, ganz kurz an einer Befragung zu diversen Themen teilzunehmen. Also spielen wir Straßenbefragung und gehen wir im Wissen um die Vergesslichkeit und Sterblichkeit auf die imaginäre Suche nach ein paar Namen. Stellen Sie sich vor, Sie werden spontan gefragt, welche SPÖ-Politiker Ihnen einfallen. So Sie nicht völlig von ihrer Außenwelt abgeschnitten leben, ist die Wahrscheinlichkeit relativ groß, dass Ihnen in diesem Zusammenhang zum Beispiel der Name des Bundeskanzlers in den Sinn kommt (so dieser zu diesem Zeitpunkt auch gerade der SPÖ-Vorsitzende ist). Gehen wir also im Jahr 2017 auf die Straße, wird wohl einem Großteil der ÖsterreicherInnen Christian Kern einfallen. So Sie im Burgenland des Jahres 2017 zu Hause sind, ist die Wahrscheinlichkeit ebenso groß, auch den Namen von Landeshauptmann Hans Niessl zu hören.

Und sonst? Ok, den Namen Bruno Kreisky wird man (so man eben in irgendeiner Weise etwas mit österreichischer Innenpolitik anfangen konnte bzw. kann) wohl auch noch lange hören. Den Namen des Parteigründers Victor Adler schon eher nur von SPÖ-Insidern. Fassen wir die Suche nach den großen Köpfen der Sozialisten bzw. Sozialdemokraten zusammen:

Bruno Kreisky war und ist es, der die Partei wie kein Zweiter geprägt hat. Wiewohl am 29. Juli 1990 verstorben, wird sein Name, sein Wirken immer in einem Atemzug mit der SPÖ genannt werden. Aus der Sicht mancher Menschen von heute und morgen lässt der Grat der Verklärung freilich schon nach. Daniela Holzinger-Vogtenhuber (zwischen 2013 und 2017 für die SPÖ im Nationalrat) fasst es analytisch und emotionslos so zusammen:

„Wäre mir die Frage nach Bruno Kreisky noch 2015 im Rahmen einer SPÖ-Veranstaltung gestellt worden, hätte ich wahrscheinlich pflichtbewusst darüber referiert, was Bruno Kreisky alles für das Land getan hat. Welche sozialpolitischen Fortschritte vor allem für die Gleichstellung der Frau, aber auch im Bildungs- und Sozialbereich in die Phase seiner Regierung gefallen sind. Und ja – ohne ins Detail zu gehen – das war alles sehr wichtig und ist aus unserem heutigen modernen Leben nicht mehr wegzudenken. Danke Bruno! Wenn ich die Frage heute sehe, zielt sie jedoch mehr darauf ab, welchen Stellenwert Bruno Kreisky für mich als „junge Politikerin" hat. Und da antworte ich ganz unemotional: Keinen, denn Kreisky ist eine historische Figur, aber weder unreflektierte Verehrung noch die Angst, nie an das große Vorbild herankommen zu können, bringen uns heute weiter oder werden es uns erleichtern, notwendige Entscheidungen zu treffen."

Journalist und Autor Peter Rabl hat schon einige Sommer und Regierungsbildungen mehr hinter sich als Holzinger-Vogtenhuber. Er kannte Bruno Kreisky noch persönlich, sprach mit ihm, bewertete ihn als Journalist. Rabls Befund ist klar. Einen Bruno Kreisky anno 2017 kann es nicht geben.

„Kreisky ist als Person und Politiker nicht in die Zeit von heute transformierbar. Teile seines Programms sind heute noch lebbar. Der Plan A von Christian Kern war der Versuch, Teile des Programms und des Stils von Bruno Kreisky wieder aufleben zu lassen. Erstens: Modernisieren wir Österreich. Zweitens: Da haben wir 1400 Experten, die wissen, was wir tun müssen." Und Peter Rabl weiter: „Den Bedarf nach Leuten, die etwas versprechen und die Versprechen halten, gäbe es durchaus. Ich glaube auch nicht, dass es nötig ist, dass diese Politiker über Wasser gehen können müssen. Sie müssen Dir nur glaubhaft zwei Dinge vermitteln: Erstens: Ja, wir haben ein Problem, zweitens: Ja, wir können die Probleme lösen. Du musst den Menschen im Land das Gefühl geben, dass sie eine Zukunft haben. Darauf warten die Wähler."

Womit wir wieder beim Gespür und in gewisser Weise auch beim Phänomen Bruno Kreisky wären. Bei jenem Mann, dessen Nachfolgern nicht die Aura und nicht die Durchsetzungsmöglichkeiten Kreiskys beschieden waren.

Dennoch: Es gab und es gibt eine ganze Reihe bedeutender Sozialisten und Sozialdemokraten, die der SPÖ ihren Stempel aufgedrückt haben. Auf den Stempel einiger würde die SPÖ mit dem Wissen von heute zwar gerne verzichten, aber das ist eine ganz andere Geschichte.

Sehen Sie hier (ohne jeglichen Anspruch auf Vollständigkeit und Einhaltung einer Chronologie) eine Auflistung bedeutender Köpfe und ihre Versuche, die SPÖ zu prägen. Abseits von Bruno Kreisky. Um das Risiko auszuschließen, dass die Reihenfolge als Wertung in welche Richtung auch immer missinterpretiert werden könnte, gehen wir alphabetisch vor.

27 SozialdemokratInnen und 3 Nichtmitglieder sowie ihre wohl in alle Ewigkeit anhaltende Bedeutung für die SPÖ.

Victor Adler:

Wiewohl am 11. November 1918 in Wien gestorben, werden auch ÖsterreicherInnen der übernächsten Generation mit Victor Adler immer und immer wieder konfrontiert werden. Sei es, bei einem Besuch des Victor-Adler-Markts in Wien-Favoriten, im Victor-Adler-Hof in der Wiener Triester Straße, in Linz-Auwiesen (Victor-Adler-Weg) oder eben im niederösterreichischen Hainfeld, wo es Adler um die Jahreswende 1888/1889 gelang, die Sozialdemokratie aus der Taufe zu heben. Kein Victor Adler, keine SPÖ – oder so ähnlich.

Victor Adler war ein kluger Kopf. Er wich mit seinem Einigungsparteitag nach Hainfeld aus, weil in Wien zu dieser Zeit Versammlungsverbot herrschte und Hainfeld für die Gesandten aus allen Regionen mit dem Zug erreichbar war. Die Tage um den Jahreswechsel wählte er nicht deshalb, weil er den Seinen die Feierlaune vermiesen wollte, sondern weil er – so erzählt man sich – die Gunst der aufeinanderfolgenden Feiertage nutzte und so den berufstätigen Delegierten die Chance gab, an den Versammlungen in Zehetners Gasthof teilzunehmen. Im Juni 1852 in Prag geboren, war Victor Adler zunächst im Lager der Deutschnationalen aktiv. Von denen wandte er sich aber bald ab. Vor allem der schnell wachsende Antisemitismus der Deutschnationalen hatte ihn von dieser Gruppierung Abstand nehmen lassen. 1886 rief Victor Adler in Wien mit dem Erbe seines Vaters die Wochenzeitung „Gleichheit" ins Leben. Da sorgte er für reichlich Wirbel, weil er zahlreiche aufsehenerregende Artikel über das Arbeitsleid der Wienerberger Ziegelarbeiter schilderte.

Die frühe soziale Ader von Adler.

Auf besagtem Hainfelder Parteitag vereinigte Victor Adler die unterschiedlichen sozialdemokratischen Gruppen wie Gewerksvereine, Gewerkschaften und Genossenschaften, die „Radikalen" und die „Gemäßigten" im kaiserlichen Österreich. Die Sozialdemokratie war geboren und Adler ließ sich zum ersten Vorsitzenden wählen. Vieles von dem, was Victor Adler und die Seinen 1888 und 1889 einforderten und zum Programm erhoben, steht bis heute in Stein gemeißelt und ist bis heute anerkannter Teil der Sozialdemokratie und damit der SPÖ. Er rückte Themen wie die Rechte der Arbeiter, die Bedeutung der Gewerkschaften und die Bildung in den Vordergrund seines politischen Wirkens. Adlers Überzeugung, seine Theorien und die der aufkeimenden Sozialdemokratie ließen freilich auch nur wenig Raum für Andersdenkende. Und vor allem für die Medien. Zum Thema Presse entfachte im Rahmen der Hainfelder Versammlungen eine hitzige Debatte. So lautete damals laut Sitzungsprotokoll etwa der Diskussionsbeitrag des Wiener Referenten Ferdinand Leissner, Bildhauer von Beruf: *„Erwarten Sie nicht von mir, dass ich Ihnen etwa meine Ideen und Meinungen über die Presse im Allgemeinen darlegen werde. Dies ist nicht nötig, weil einerseits die Bedeutung der sozialdemokratischen Presse für die Partei allen klar ist, ich andererseits die außerhalb der Partei stehende Presse vollständig übergehen werde, stillschweigend übergehen werde, denn das ist die einzige würdige Art, diese Presse zu behandeln, Genossen!"*

Und Victor Adler ergänzte später in Bezug auf die Solidarität „unserer Blätter“: *„Die muss sich vor allem in dem Punkt äußern, dass eine freundliche Diskussion über Parteiprinzipien nun erst möglich wird und viel unbefangener möglich wird.“*

Nun ja, ein paar Parteitage, Zeitungsgründungen und Unabhängigkeitserklärungen von Medienkonsortien später scheint der Umgang der österreichischen Sozialdemokratie mit den Medien heute doch etwas entkrampfter. Oder doch nicht so ganz?

2013, also ein paar ÖBB-Fahrplanänderungen nach Hainfeld später, verkaufte die Wiener SPÖ ihre Anteile am parteinahen Echo-Verlag und ließ dies via Aussendung damit begründen, dass sich *„durch die neuen Richtlinien in Sachen Medientransparenz die Rahmenbedingungen geändert hätten. Für Medien im Parteienbesitz sei ein fairer Wettbewerb nicht mehr gesichert“*.

Später folgte noch ein OGH-Urteil, das es verbietet, *„das Echo-Medienhaus als Teil eines SPÖ-Firmennetzwerks zu bezeichnen, in dem strukturelle Korruption betrieben wird“*.

Also, Entkrampfung klingt anders. Damals wie heute. Was aber nichts am politischen Lebenswerk Victor Adlers und seinem unbestreitbaren Wert für die Sozialdemokratie in Österreich ändert.

Hannes Androsch:

1938 in Wien geboren, avancierte Hannes Androsch rasch zum politischen Jungstar. Mit 29 Jahren saß er bereits für die SPÖ im Nationalrat und im Alter von 32 Jahren folgte er Stephan Koren (ÖVP) als Finanzminister nach. Ein gewisser Karl-Heinz Grasser (FPÖ) sollte 2000 mit 31 Jahren noch etwas jünger als Androsch die Ehre zuteilwerden, über Österreichs Finanzen wachen zu dürfen bzw. zu müssen. Mit seinem politischen Ziehvater Bruno Kreisky war Hannes Androsch oft in erhebliche Meinungsverschiedenheiten verstrickt, was damals nicht lange gut gehen konnte. Letztlich nahm Kreisky eine Tatsache zum Anlass, die damals schon über zehn Jahre lang Bestand hatte: Finanzminister Hannes Androsch war zugleich Inhaber bzw. Teilhaber einer Steuerberatungskanzlei, die unter anderem Aufträge staatseigener Unternehmen erhielt. Androsch musste 1980 alle seine politischen Funktionen zurücklegen und das Thema der Unvereinbarkeit hatte Einzug in die Alltagsdebatten der heimischen Innenpolitik gehalten.

Androsch wechselte zur damals im Staatseigentum befindlichen Creditanstalt und wurde später rechtskräftig wegen Steuerhinterziehung verurteilt. Später machte Androsch als Industrieller Schlagzeilen, wirbelte auf dem permanent wachsenden chinesischen Markt ordentlich herum und gilt bis heute als Mann, den man in der SPÖ in Finanzfragen gerne konsultiert.

Androsch ist Präsident des Vereins „Bildungsinitiative für die Zukunft“, der im November 2011 über alle Parteigrenzen hinweg das *Volksbegehren Bildungsinitiative* betrieb. Diese Initiative erntete innerhalb der SPÖ freilich nicht nur Applaus, sprach und spricht Hannes Androsch doch darin auch Themen an, die dem ureigenen Geltungsbereich der österreichischen Sozialdemokratie zuzuordnen sind. So lud Androsch noch im Mai 2017, also rund sechs Jahre nach Start der Bildungsinitiative, zu einer Pressekonferenz mit folgendem Inhalt:

Wir brauchen: Ein Ende der Reformblockade und eine zeitgemäße, moderne und unbürokratische Schule.

Autsch, das schmerzt: Im Mai 2017 hieß die für die Bildung zuständige Ministerin Sonja Hammerschmid (SPÖ).

Karl Blecha:

Für GenossInnen: Charly Blecha. Blecha hat die gesamte Bandbreite einer Parteikarriere ausgeschöpft. In jungen Jahren war er Obmann der Jungen Generation und des Verbandes der Sozialistischen StudentInnen Österreichs (VSStÖ). Später war er Nationalrat, von 1976 bis 1981 Zentralsekretär der SPÖ, 1983 wurde Blecha österreichischer Innenminister. Und 1999 avancierte er schließlich zum Präsidenten des SPÖ-Pensionistenverbands. In ebendieser Funktion war Blecha auch 2017 im Alter von 84 Jahren noch laut unterwegs gewesen. Auf ein Interview des ÖVP-Finanzministers Hans Jörg Schelling zum Thema Pflegeregress ließ Blecha mit wahlkampfrhetorischen Tönen in einer Presseaussendung kontern:

„ÖVP-Finanzminister will Abschaffung des Pflegeregresses offenbar rückgängig machen. Pensionistenverbands-Präsident Karl Blecha ist empört über die jüngste Aussage von ÖVP-Finanzminister Schelling, wonach die Abschaffung des Pflegeregresses ein schwerer Fehler gewesen sei:

‚Jetzt müssen bei allen Seniorinnen und Senioren die Alarmglocken läuten, denn schon jetzt zeigt die Kurz-ÖVP ihr wahres Gesicht! Kommt die schwarz-türkise Kurz-ÖVP an die Macht, wird es finster

im Sozialstaat Österreich! Dann kommen die Kürzungen, von denen alle Menschen betroffen sein werden!'"

SPÖ-nahe PensionistInnen zollten Applaus. Wobei es auch Zeiten gab, als sich der Applaus für Karl Blecha auch parteiintern in Grenzen hielt. Aus gutem Grund wie viele meinen. 1989 trat Blecha als Innenminister aufgrund seiner Verwicklung in die Lucona-Affäre und den Noricum-Skandal zurück. Wegen Beweismittelunterdrückung und Urkundenfälschung im Fall Noricum wurde Blecha 1993 rechtskräftig zu einer neunmonatigen bedingten Haftstrafe (Haftstrafe auf Bewährung) verurteilt (Quelle: Wikipedia).

In der Partei hat das SPÖ-Urgestein, wie Blecha oft bezeichnet wird, seinen Platz in den Annalen sicher. Auch auf diversen Partei-Webseiten wird Karl Blecha (freilich unter Umschiffung irgendwelcher Altlasten) großer Raum geboten. Wie zum Beispiel:

„Blecha war im Parlament Initiator für die Herabsetzung des Grundwehrdienstes auf 6 Monate, setzte die Heiratsbeihilfe durch, wirkte maßgeblich an allen Rechtsreformen seit 1970 mit, war an Wahlrechtsnovellierungen beteiligt, an der Schul- und Hochschulreform und besonders an der Rundfunkreform 1974. Er beschäftigte sich mit Kommunal- und Sicherheitspolitik."

In der Sozialistischen Partei galt er als Motor der Parteireform 1976 („Offenen Partei") und war 1978 Vorsitzender des Redaktionskomitees für das Parteiprogramm der SPÖ. Und auch in den Prozess der Zukunftsgestaltung ist Karl Blecha immer in höchstem Maße involviert gewesen. 2012 ereilte ihn der Ruf des damaligen Bundeskanzlers Werner Faymann, das neue Parteiprogramm der SPÖ zu erarbeiten ... Gut Ding braucht Erfahrung. Und Weile ...

Gabi Burgstaller:

Manchmal ist alles irgendwie nur eine Frage der Zeit. So war es auch bei Gabi Burgstaller. 1963 in Oberösterreich geboren, Gymnasium, Studium der Rechtswissenschaften an der Universität Salzburg. 1987 bis 1989 war Gabi Burgstaller Assistentin am Institut für Verfassungs- und Verwaltungsrecht, und am Institut für Rechtssoziologie in Salzburg. Weiter Richtung Arbeiterkammer Salzburg, wo sie bis 1994 als Konsumentenberaterin tätig war. 1994 dann der Einstieg in die Welt der Politik. Sie wurde in den Salzburger Landtag gewählt und Klubvorsitzende der SPÖ-Landtagsfraktion. Im April 1999 avancierte Burgstaller zur Landesrätin für Frauen, Bauen, Gewerbe, Konsumentenschutz und Verkehr, am 31. März 2001 zur Landesparteivorsitzenden der Salzburger SPÖ.

Bei den Wahlen zum Salzburger Landtag 2004 gelang es Gabi Burgstaller als Spitzenkandidatin der SPÖ erstmals eine Mehrheit in dem seit 1945 von der ÖVP dominierten Bundesland zu erobern. Und schon war sie die erste Frau an der Spitze des Bundeslandes Salzburg. 2009 wurde sie in ihrem Amt als Landeshauptfrau bestätigt. Burgstaller machte immer wieder auch in der Bundespolitik auf sich aufmerksam, weil sie unter den Parteichefs Alfred Gusenbauer und Werner Faymann ab und an die Parteilinie der Bundes-SPÖ konterkarierte. So sprach sie sich auch für die Einführung von Studiengebühren aus und kritisierte die damalige Bildungsministerin Claudia Schmied, als diese 2009 die Lehrverpflichtungen um zwei Wochenstunden erhöhen wollte. Auf der anderen Seite sprach sie sich im Jahr 2012 dafür aus, dass Lehrer wie andere Berufsgruppen auch nur fünf Wochen Urlaub haben sollten.

Burgstaller hatte SPÖ-intern – trotz bzw. auch wegen ihrer Haltung, die manchmal der offiziellen Parteilinie erheblich zuwiderlaufen konnte – eine große Macht angehäuft. Sie wurde von viel Rückenwind getragen. In Salzburg, ebenso wie westlich und östlich von Salzburg. Wie gesagt, vieles war oder schien nur mehr eine Frage der Zeit für die Frau mit der beeindruckenden Lebens- und Karrieregeschichte.

Bundeskanzlerin? Bundespräsidentschaftskandidatin? Nur mehr ein paar Schritte entfernt vom Plafond. No Limits, wie es so verlockend heißt. Und aus . . .

Da waren sie plötzlich, die Grenzen für Gabi Burgstaller. Sie kamen Ende 2012 in Form des Salzburger Spekulationsskandals mit Swap-Geschäften und großen finanziellen Verlusten für das Land daher. Nach der Salzburger Landtagswahl 2013, bei der die SPÖ einen historischen Verlust von 15,54 Prozentpunkten hinnehmen musste, gab Burgstaller ihren Rückzug aus der Politik bekannt. Für Burgstaller ergab sich daraus eine wesentliche Richtungsänderung. Anstelle Richtung Bundeskanzleramt oder Hofburg ging es zurück zum SPÖ-Partner Arbeiterkammer. Ein Stern der SPÖ war am Salzburger Himmel erloschen.

Von einer großen Festspielbühne in Richtung Nebenschauplatz.

Norbert Darabos:

Das Verglühen eines Polit-Sterns kann in Form einer Salzburger Frau daherkommen. Oder eben auch in der Form eines Mannes aus dem Burgenland. Norbert Darabos, 1964 in Wien geboren und im burgenländischen Dorf Kroatisch-Minihof aufgewachsen, avancierte schon mit 23 Jahren zum Politiker. Zunächst einmal als Gemeinderat in Nikitsch im Burgenland. Von 1988 bis 1991 leitete Darabos das burgenländische Renner-Institut, von 1991 bis 1997 war er Pressesprecher von Burgenlands Landeshauptmann Karl Stix. Ab 1998 war er Landesgeschäftsführer der SPÖ Burgenland und im burgenländischen Landtag. 2000 bis 2003 war Darabos Klubobmann des SPÖ-Landtagsklubs. Im März 2003 wurde Darabos Bundesgeschäftsführer der SPÖ. Im Jahr 2004 leitete er den Wahlkampf für den SPÖ-Bundespräsidentschaftsanwärter Heinz Fischer. Im selben Jahr wurde Darabos Nationalratsabgeordneter. 2006 leitete er den Wahlkampf der SPÖ für Alfred Gusenbauer.

Nach besagter Nationalratswahl 2006, bei der die SPÖ zur Nummer eins wurde, war Norbert Darabos Mitglied des SPÖ-Verhandlungsteams für die Koalitionsverhandlungen mit der ÖVP. Wenig später war er Verteidigungsminister. Der erste ehemalige Zivildiener in diesem Amt.

Als Verteidigungs- und Sportminister mühte er sich mit den Eurofightern und entsprechenden Nachverhandlungen zum erfolgten Verkaufsdeal ab. Nach der Debatte um die Volksbefragung zur Wehrpflicht im Jahr 2013, bei der Darabos nach Ansicht von Experten und Polit-Insidern eine höchst unglückliche Figur gemacht hatte, begann sein Stern zu verglühen.

ÖVP und FPÖ sprachen sich im Vorfeld der Volksbefragung für eine Beibehaltung der Wehrpflicht aus, SPÖ und Grüne für ein Berufsheer. Darabos wurde in der Debatte zur Last gelegt, noch zwei Jahre davor die Wehrpflicht als in „Stein gemeißelt" bezeichnet zu haben. Ein paar Jahre und ein paar Interviews von Wiens mächtigem Bürgermeister Michael Häupl später war dann alles anders. Auch für Norbert Darabos.

Mit 59,7 Prozent der Stimmen bei einer Wahlbeteiligung von 52,4 Prozent wurde für die Beibehaltung der Wehrpflicht gestimmt. Ein strategisches Debakel für die SPÖ und eben für Darabos. Wenige Wochen nach der Volksbefragung trat Norbert Darabos als Minister zurück. Ihm sollte mit Gerald Klug ein Mann folgen, dessen Stern auch nur kurz und nie wirklich hell glühen sollte.

Nach einem Intermezzo als SPÖ-Bundesgeschäftsführer landete Darabos als Landesrat für Soziales im Burgenland. Seine Chance auf die ganz großen Bühnen und Jobs auf Bundesebene der SPÖ waren Geschichte.

Johanna Dohnal:

Nur wenige PolitikerInnen schaffen es, Spuren in den Sand zu ziehen, die von ewigem Bestand sind. Das hat Johanna Dohnal zweifelsfrei erreicht. Bis in die Jetztzeit wird Johanna Dohnal von der SPÖ ein Denkmal bewahrt (www.johanna-dohnal.at). 1969 wurde Dohnal SPÖ-Bezirksrätin im 14. Bezirk, 1971 Vorsitzende der SPÖ-Frauen im Bezirk. 1972 wechselte sie in die Parteizentrale der SPÖ, wo sie bis 1979 als Landesfrauensekretärin der SPÖ Wien arbeitete. 1973 bis 1979 war sie in der Ära von Bürgermeister Leopold Gratz Abgeordnete im Wiener Landtag. 1978 entstand auf Dohnals Initiative das erste Frauenhaus in Wien. 1979 machte Bruno Kreisky Johanna Dohnal zur Staatssekretärin für Frauenfragen. Sie arbeitete verstärkt in der österreichischen Frauenpolitik, setzte gesetzliche Verbesserungen für berufstätige Frauen durch.

Außerdem engagierte sie sich in der Friedenspolitik. 1990 wurde Dohnal unter Bundeskanzler Franz Vranitzky bis 1995 Bundesministerin für Frauenangelegenheiten und damit die erste österreichische Frauenministerin.

Sie lebte in einer Partnerschaft mit einer SPÖ-Gemeinderätin und ging mit dieser 2010 auch eine eingetragene Partnerschaft ein. Innerhalb der SPÖ gilt Johanna Dohnal bis heute als Pionierin für Frauenpolitik. 2004 wurde der Johann-Dohnal-Preis ins Leben gerufen.

Und wie würde Johanna Dohnal heute über ihre Erben in Sachen SPÖ-Frauenpolitik urteilen?

Hans Peter Doskozil:

Bis zum 27. August 2015 war Hans Peter Doskozil weitgehend unbekannt. An diesem Tag wurde auf der Ostautobahn A4 bei Parndorf im Burgenland ein Kühllastwagen entdeckt. Der Rest ist ein trauriges Kapitel in der Geschichte Österreichs und Europas. 71 Tote klagen bis heute an. Die Flüchtlingswelle von 2015 hatte auf diese Art einen weiteren traurigen Höhepunkt erreicht. Landespolizeidirektor im Burgenland war damals der gebürtige Steirer Hans Peter Doskozil. Ein paar Krisensitzungen, Pressekonferenzen und Statements später sahen viele in der SPÖ die Stunde für den Polizisten gekommen. Seine Art des Krisenmanagements wurde gelobt und fast auf den Tag genau fünf Monate nach Entdeckung der 71 Toten bei Parndorf, konkret am 26. Jänner 2016, wurde Hans Peter Doskozil Bundesminister für Landesverteidigung und Sport und somit Nachfolger des austauschbaren Gerald Klug.Die politischen und strukturellen Reformen, die Österreichs Sport noch in Jahrzehnten prägen werden, gelangen Doskozil wie auch seinen Vorgängern Gerald Klug und Norbert Darabos nicht. Als Verteidigungsminister bewegte er sich stets auf einem schmalen Grat zwischen FPÖ-naher Sicherheits- und Grenzsicherungspolitik und dem eher linken Flügel in der SPÖ mit deren Tendenzen zur (nennen wir es mal so) Weltoffenheit.

Wie auch immer am Ende des Tages die politische Endbilanz von Hans Peter Doskozil aussehen mag: Mit seiner Person, mit seinem Gesicht wird man in alle Ewigkeit die Tragödie des 27. August 2015 vor Augen haben. Als die Welt ob der furchtbaren (und einmal sogar veröffentlichten) Bilder den Atem anhielt.

Werner Faymann:

Die traditionellen und (zum Unverständnis vieler bis heute hoch gehaltenen) Feierlichkeiten der SPÖ zum 1. Mai 1960 erlebte Werner Faymann noch nicht. Er kam am 4. Mai 1960 in Wien zur Welt. Im Unwissen, dass die Mai-Feiern in seinem Leben noch eine ganz andere Bedeutung bekommen sollten. Das ist aber eine andere Geschichte und an anderer Stelle in diesem Buch nachlesbar.

Während seiner Schulzeit in einem Wiener Bundesrealgymnasium trat Faymann der SPÖ-Jugendorganisation Sozialistische Jugend (SJ) bei. Seinen Zivildienst leistete Faymann beim SPÖ-nahen Verein „Junges Wien" in der Jugendarbeit. 1981 wurde er Landesvorsitzender der Wiener SJ und schon zwei Jahre später sollte er sich keinem Geringeren als Papst Johannes Paul II in den Weg stellen. Als Mitorganisator einer Gegenveranstaltung (*Alternative zum Papst-Besuch*) zur Jugendbegegnung beim Österreich-Besuch von Papst Johannes Paul II. Johannes Paul II ging, Faymann blieb. 1985 bis 1994 als Mitglied des Wiener Landtages, von 1994 bis 2001 war Faymann amtsführender Stadtrat für Wohnbau und Stadterneuerung.

2007 war die bundespolitische Stunde Werner Faymanns gekommen. Als Infrastrukturminister unter Bundeskanzler Alfred Gusenbauer. Und 2008 wurde Faymann Spitzenkandidat der SPÖ im Nationalratswahlkampf. Die SPÖ landete auf Platz eins und Faymann wurde Bundeskanzler.

Rot eingefärbt waren dann zu Beginn der Ära Faymann auch oft die Zahlen, Prozente und Kennziffern der SPÖ bei Landtagswahlen. Teils schwere Verluste in Kärnten, Salzburg und Oberösterreich und begleitet von schlechten Umfragewerten geriet Faymann heftig ins Wanken, konnte aber bei der Wahl 2013 noch einmal Platz eins für die SPÖ retten.

Das Jahr 2015 sollte dann das Leben in Österreich und das Leben Faymanns verändern. Am 4. September 2015 erklärte Faymann nach Telefonaten mit seiner deutschen Amtskollegin Bundeskanzlerin Angela Merkel und dem ungarischen Premierminister Viktor Orbán, es sei vereinbart worden, dass Österreich und Deutschland aufgrund der Notlage entgegen den Bestimmungen des Dublin-Abkommens ohne Registrierung durch Ungarn einer Weiterreise der Flüchtlinge an der österreichisch-ungarischen Grenze in ihre Länder zustimmen würden. Daraufhin wurden mehrere Tausend Flüchtlinge mit dem Zug von der Grenze nach Wien und teilweise weiter von dort nach Deutschland gebracht.

Das war nicht der Beginn, aber wohl der Höhe-, Dreh- und Wendepunkt in der europaweiten Flüchtlingskrise und eine Maßnahme, die Faymann und der SPÖ später noch mehrmals vorgehalten wurde.

Der Begriff des Durchwinkens war geboren. Das politische Ende Werner Faymanns war nicht mehr fern. Der 24. April 2016, als Rudolf Hundstorfers roter Balken am Tag des ersten Wahlgangs zur Bundespräsidentenwahl auf den ORF-Bildschirmen so jäh zum

Stillstand kam, sollte Faymanns Abgang einläuten. Den Rest besorgte die SPÖ-Basis am 1. Mai in Form eines ohrenbetäubenden Pfeifkonzerts. Am 9. Mai 2016 erklärte Faymann seinen Rücktritt als Bundeskanzler und seinen Rückzug aus der Politik.

Vielleicht auch, weil zu diesem Zeitpunkt sein medialer Schutzpatron nicht mehr lebte. Der Krone-Gründer und Herausgeber Hans Dichand, zu dem Werner Faymann immer einen ausgezeichneten Draht hatte, verstarb bereits 2010 in Wien.

Nach seinem Rückzug aus der Politik registrierte sich Faymann im Lobbying- und Interessenvertretungsregister mit dem Tätigkeitsbereich Beratung und Public Affairs. Im September 2016 gründete er gemeinsam mit seinem ehemaligen Pressesprecher Matthias Euler-Rolle ein Unternehmen mit Fokus auf die Entwicklung von Immobilienprojekten sowie Öffentlichkeitsarbeit. Am 1. September 2016 wurde er zum UN-Sonderbeauftragten zur Verhinderung von Jugendarbeitslosigkeit berufen.

Will man im Jahr 2017 etwas über Werner Faymann auf der Website der Partei erfahren, muss man den einen oder anderen Umweg in Kauf nehmen. Unter dem Link „Partei“ wird man weitergeleitet zu „Personen“ und unter F ist ein kleines, lauschiges Plätzchen für den Ex-Kanzler reserviert. Zwischen E wie Josef Etzenberger, Bundesvorsitzender der SPÖ-Bauern, und F wie Klaus Feichtinger, Abg. zum Nationalrat.

Fragt man den erfahrenen Journalisten Christoph Kotanko nach einer Art Abschlusszeugnis für Werner Faymann, so klingt das im Jahr 2017 auch alles andere als schmeichelhaft:

„Werner Faymann war der Beweis, dass man nur mit der „Krone" nicht regieren kann. Seine Amtszeit war eine Dürreperiode für die Sozialdemokratie. Seine Prägung im roten Wiener Biotop konnte er nie verleugnen. Faymann war in weiten Teilen der Partei mehr geduldet als respektiert, schon seine Wahl als Bundesparteivorsitzender schaffte er nur mit dem schlechtesten Ergebnis eines SPÖ-Chefs ohne Gegenkandidat", führt Kotanko aus und er kritisiert weiter: „Tiefpunkt des plumpen Faymann-Populismus war die Wende bei der Wehrpflicht, die verlorene Volksbefragung war eine der größten Blamagen für einen SP-Politiker in der Zweiten Republik. Wankelmütig war er auch in der Flüchtlingskrise 2015. Bei 20 Wahlen fuhr die SPÖ 18-mal Verluste ein. Auch der Abgang war wenig ehrenhaft - Pfiffe am 1. Mai hatte es noch für keinen SPÖ-Chef gegeben."

Und ebendiese Pfiffe haben ja viele noch heute im Ohr.

Heinz Fischer:

Markus Rogan? Sagt er Ihnen noch etwas? Also, helfen wir notfalls gerne nach. Markus Rogan hatte schon immer gerne einen lockeren Spruch auf seinen Lippen. Als der Ausnahmeschwimmer 2004 aus dem Olympiabecken von Athen stieg, gleichsam mit Silber um den Hals, wurde er hin- und hergereicht. Von Interview zu Interview. In einem dieser Interviews sagte er auf die Frage, worüber er sich ganz besonders gefreut hätte: „Über den Haifisch." Wie bitte? „Ja, über den Haifisch." Weil herumstehende Reporter noch immer nicht so Recht wussten, was sie mit dieser Ansage anfangen sollten, baten sie Rogan um eine Erklärung. Frech und frei wie ihn Gott nun mal schuf und für jeden zum Mitschreiben: „Ja, der Hei(nz) Fisch(er) – der Haifisch - hat mich angerufen und gratuliert . . ." Das klang aus dem Mund eines damals gerade einmal 22-Jährigen vielleicht etwas anmaßend. Sehr wohl aber auch irgendwie erfrischend. Anmaßend und ein wenig keck vor allem deshalb, weil Haifisch alias Heinz Fischer wenige Wochen davor zum Bundespräsidenten gewählt wurde.

Heinz Fischer war und ist das, was man als SPÖ-Ikone bezeichnen kann. Fast so wie Bruno Kreisky oder Johanna Dohnal. Aber doch wieder nicht ganz. 1938 in Graz geboren, war Fischer nach seinem Studium der Rechtswissenschaften einige Monate bei Gericht tätig und wirkte ab 1962 im Parlament als Sekretär der SPÖ. 1971 kam er unter Kanzler Bruno Kreisky in den Nationalrat. Dem gehörte er mit Ausnahme der Zeit seiner Tätigkeit als Wissenschaftsminister (1983–1987) bis 2004 an. Im Jänner 2004 gab Heinz Fischer seine Kandidatur für die Bundespräsidentenwahl bekannt. Am 10. März legte Heinz Fischer, der unter anderem Mitglied des Bundesparteivorstandes und stellvertretender Parteivorsitzender der SPÖ gewesen war, seine Parteifunktionen nieder. Die Wahl am 25. April 2004 gewann Fischer mit 52,39 Prozent der Stimmen, einem Vorsprung von 4,78 Prozentpunkten vor Gegenkandidatin Benita Ferrero-Waldner von der ÖVP. Am 8. Juli 2004 wurde Fischer als achter Bundespräsident der Zweiten Republik angelobt. Mit Amtsantritt am 8. Juli 2004 stellte Fischer seine Parteimitgliedschaft bei der SPÖ ruhend. Er wolle als Bundespräsident über den Parteien stehen, erklärte er, der wenig später eben unter Markus Rogan zum Haifisch emporstieg. Am 23. November 2009 erklärte er in einem YouTube-Video seine Kandidatur zur Wiederwahl. Am 25. April 2010 wurde Fischer mit 79,3 Prozent der Stimmen für weitere sechs Jahre im Amt bestätigt. Sein Nachfolger sollte nicht – wie von der SPÖ erhofft – Rudolf Hundstorfer, sondern eben Alexander Van der Bellen heißen.

Heinz Fischer hatte zwar auch den einen oder anderen Widerstand hervorgerufen und (vor allem aus der Ecke der FPÖ) immer wieder den Vorwurf ertragen müssen, (doch) nicht ganz überparteilich zu sein, am Ende seiner zwei Amtsperioden verließ er die Hofburg aber doch mit viel Anerkennung aus allen politischen Lagern.

In Erinnerung bleiben in Zusammenhang mit Heinz Fischer auch immer ein Zitat und eine Episode.

Im Juli 2010 stellte er in der ORF-Pressestunde die Wehrpflicht für Frauen zur Diskussion. Und das klang dann so:

„Frauen bekommen immer mehr Rechte, da kann man auch argumentieren, sie müssen mehr Pflichten übernehmen."

Die Episode, die ihn wohl bis ans Ende seiner Tage begleiten wird, stammt aus der Ära Bruno Kreisky. In einem Interview mit dem Standard im Jahr 2010 las sich das so:

Standard: Bruno Kreisky wird folgendes Zitat über Sie nachgesagt: „Aus dem Heinzi wird noch was. Immer wenn's schwierig wird, ist er am Klo und kommt erst zurück, wenn die Sache ausgestanden ist." Dichtung oder Wahrheit?

Fischer: Eine bösartige Erfindung, die Jahre nach dem Tod von Kreisky in Umlauf gesetzt wurde! Jeder, der mich kennt, weiß, dass ich bei Abstimmungen und Entscheidungen konsequent anwesend war. Als Klubchef war ich immer da. Auch als Nationalratspräsident bin ich oben gesessen und habe nicht die Glocke weggelegt und gesagt: „Ich muss aufs Klo."

Und die Antwort auf die Frage, ob die Frisur Heinz Fischers tatsächlich immer der Hand seiner geliebten Gattin Margit entsprang oder nicht, hat schließlich auch keine staatstragenden Dimension.

Österreich und die SPÖ haben andere Sorgen . . .

Leopold Gratz:

1929 in Wien-Ottakring geboren, arbeitete er schon in seiner Jugend aktiv in verschiedenen Organisationen der SPÖ mit und gehörte auch der Gründergeneration des Verbands Sozialistischer Studenten nach 1945 an. 1953–1963 war er als Sekretär im Klub der Sozialistischen Abgeordneten und Bundesräte tätig. 1963 wurde Leopold Gratz einer der beiden Zentralsekretäre der SPÖ und Mitglied des Bundesrates. 1966 wurde er erstmals in den Nationalrat gewählt. Gemeinsam mit Hannes Androsch, Heinz Fischer und Karl Blecha zählte Gratz ab 1967 zu den Kronprinzen und logischen Nachfolgekandidaten um den und hinter dem schier allmächtigen Parteivorsitzenden Bruno Kreisky. 1970 und 1971 war Gratz Minister für Unterricht und Kunst. Dann wechselte er wieder in den Nationalrat und war 1971–1973 Klubobmann der SPÖ. Mit kaum 45 Jahren wurde Gratz Wiener Bürgermeister, führte (also noch vor Maria Vassilakou) Fußgängerzonen ein. 1973 ließ sich Gratz zum ersten Präsidenten des später umstrittenen Club 45 wählen. Versammlungsort war die von einem gewissen Udo Proksch geleitete Konditorei Demel.

Überschattet war die Amtszeit von Gratz von Skandalen im Dunstkreis der SPÖ. Zu nennen sind der Bauring-Skandal und der AKH-

Skandal, der bis dahin größte österreichische Bauskandal. Auch der Einsturz der Reichsbrücke im Jahr 1976 und die Misere um das Rinter Müllzelt fallen in Gratz' Amtszeit.

1983 hievte er einen politischen Nobody namens Michael Häupl auf einen sicheren Listenplatz für die Wiener Gemeinderatswahl 1983 und 1984 übergab er den Schlüssel für die Stadt Wien an seinen Nachfolger als Bürgermeister Helmut Zilk, er selbst kehrte in die Bundespolitik zurück. Als Folge dessen, dass er sich im Frühjahr 1986 während des Wahlkampfs um das Bundespräsidentenamt wegen dessen angeblicher und heiß diskutierter nationalsozialistischer Vergangenheit stark gegen den ÖVP-Kandidaten Kurt Waldheim exponiert und vor der drohenden Isolation durch westliche Staaten gewarnt hatte, trat er nach Waldheims Wahl als Außenminister zurück. Nach den Nationalratswahlen im Herbst 1986 wurde Leopold Gratz zum Nationalratspräsidenten gewählt.

1989 wurde Gratz im Zusammenhang mit zwei Skandalen genannt. Am Beginn der Nationalratssitzung am 25. Jänner gab er seinen Komplett-Rückzug aus der österreichischen Innenpolitik bekannt. Mit Parteifreund Karl Blecha war er in den Fall Lucona verwickelt. Seine Freundschaft mit Udo Proksch, einst Liebkind der Wiener Gesellschaft und Gastgeber des von Gratz mitgegründeten Club 45, wurde für Gratz zum Stolperstein. Der Strafprozess gegen Proksch endete 1992 mit einem Schuldspruch wegen sechsfachen Mordes. Gratz wurde 1993 wegen falscher Zeugenaussage zu einer Geldstrafe verurteilt. Er war, damals Außenminister, Mitte der 1980er-Jahre als Zeuge für Proksch aufgetreten und hatte – laut Überlieferung – der österreichischen Botschaft in Bukarest die Weisung erteilt, zur Entlastung seines Freundes Papiere zu beschaffen, die sich allerdings als Fälschungen herausstellten.

Auch in der Noricum-Affäre wurde Gratz angeklagt, im Noricum-Prozess aber 1993 ebenso wie der frühere Bundeskanzler Fred Sinowatz vom Verdacht des Amtsmissbrauchs und des Beitrags zur Neutralitätsgefährdung freigesprochen.

Die SPÖ bewahrt Leopold Gratz bis heute ein Denkmal. Seit 2010 gibt es für den Ehrenbürger der Stadt Wien in der Bundeshauptstadt einen Leopold-Gratz-Platz.

Alfred Gusenbauer:

Jahrgang 1960, geboren in St. Pölten, schrieb Alfred Gusenbauer mit Sicherheit eines der schillerndsten Kapitel der jüngeren SPÖ-Geschichte. 1981 begann er als damals kaum 21-Jähriger seine politische und berufliche Laufbahn bei der SPÖ als Schriftführer. Von 1990 bis 1999 arbeitete er als Angestellter der Kammer für Arbeiter und Angestellte Niederösterreich. Im Jahr 1999 wurde er Landesgeschäftsführer der SPÖ Niederösterreich und in Höchstgeschwindigkeit schon 2000 Bundesgeschäftsführer der SPÖ. Noch im selben Jahr wurde Gusenbauer auch zum SPÖ-Bundesparteivorsitzenden gewählt. Gusenbauer war in seiner Funktion als Parteivorsitzender bis zur Nationalratswahl 2006 mehrmals heftig umstritten. Bei den Nationalratswahlen 2002 konnte die SPÖ mit Gusenbauer als Spitzenkandidat 4 Mandate (+ 3,36 Prozent) zulegen, die ÖVP (+ 15,39 Prozent) war aber deutlich stärker und einigte sich mit einer damals nach der Wahl stark geschwächten und wankenden FPÖ (- 16,9 Prozent) auf eine Koalition. Nach der Nationalratswahl 2006 war die SPÖ mit 35,34 Prozent die Nummer eins in Österreich. Am 8. Jänner 2007 einigten sich SPÖ und ÖVP auf die Bildung einer großen Koalition. Das seinerzeitige Koalitionsübereinkommen wurde von Teilen der Partei, einigen der SPÖ nahestehenden Organisationen und Studierendenvertretern teils heftig kritisiert.

Im Mittelpunkt der parteiinternen Kritik standen vor allem die unzureichende Berücksichtigung des SPÖ-Wahlprogramms, was den angekündigten Ausstieg aus dem Eurofighter-Kaufvertrag und die Abschaffung der Studiengebühren betrifft.

Wie auch immer: Alfred Gusenbauer war Bundeskanzler und Polit-Insider. Journalist Peter Rabl blickt auf seine Ära und seine Person gespalten zurück:

„Ein brillanter Kopf und einer der gescheitesten und gebildetsten Politiker des Landes. Er ist gestolpert über seine Eitelkeit und darüber, zu viele Eigenfehler gemacht zu haben. Er hat sich seinerzeit bei den Regierungsverhandlungen von Wolfgang Schüssel über den Tisch ziehen lassen."

Rabl lobt aber auch: „Er hat aber auch einen Begriff geprägt, der sehr, sehr klug ist und der die Probleme unserer Gesellschaft und die dazu passende Lösung gleichermaßen präsentiert: „Die solidarische Hochleistungsgesellschaft" – das drückt eigentlich alles aus, was die Gesellschaft von heute benötigt", so Rabl.

Im Zusammenhang mit dem Thema Eigenfehler wird bei Gusenbauer der SPÖ-intern als zu schroff eingestufte Umgang mit der Gewerkschaft gesehen. Seine von einem ORF-Team aufgezeichnete und später im Fernsehmagazin *Der Report* gezeigte Frage vor einer Parteiveranstaltung: „Und das wird heute was Ordentliches in Donawitz, oder das übliche Gesudere?", sorgte parteiintern für heftige Kritik. Überliefert wird auch folgende Gusenbauer-Anekdote bzw. ein Versprecher, als der bekennende Rotwein-Liebhaber angeblich EU-Kommissionspräsident José Manuel Barroso mit dem italienischen Rotwein Barolo verwechselte.

Dass Peter Rabls Einschätzung in Bezug auf Bildung und Intelligenz des Ex-Kanzlers aber sehr wohl einen wahren Kern in sich trägt, lässt sich durchaus aus Gusenbauers beruflichen Aktivitäten nach Ende seiner politischen Laufbahn im Jahr 2008 ableiten.

Gusenbauer ist als Berater, Vortragender, Aufsichtsrat und Gastprofessor weltweit im Einsatz und erweckt nicht wirklich den Eindruck, seit seinem Ausstieg aus der österreichischen Politik ein gebrochener Mann zu sein.

Im Gegenteil.

Jörg Haider:

In die Liste jener 30 Persönlichkeiten, die die SPÖ nachhaltig geprägt oder verändert haben, schaffen es insgesamt drei Personen, die nicht der Sozialistischen bzw. Sozialdemokratischen Partei Österreichs entstammen. Als Erster (im Alphabet) und wohl als jener Außenstehender, der die Sozialdemokratie mit seiner Politik am meisten beeinflusst oder (wie viele bis heute behaupten) traumatisiert hat, fällt der Name Jörg Haider. Muss der Name Jörg Haider fallen.

Das Land teilt sich bis heute recht scharf voneinander abgegrenzt in zwei Lager. In das Lager jener, die Jörg Haider mochten, und in das Lager jener, die Jörg Haider (und seine politischen Inhalte) strikt ablehnten und immer ablehnen werden. Egal war und ist Jörg Haider nahezu keinem. Diese „Fähigkeit", Menschen auch und vor allem in öffentlichen Debatten schlicht und herzergreifend zur Weißglut bringen zu können, ließ sich zum Beispiel immer sehr leicht aus dem Gesicht und der Körpersprache des ehemaligen SPÖ-Klubchefs Peter Kostelka ablesen. Wann immer Kostelka in TV- oder ähnlichen Konfrontationen auf Jörg Haider traf, hätte man aus der daraus entstehenden (Negativ-)Energie wohl eine ganze Kraftwerkanlage betreiben können.

Jörg Haider war es also vorbehalten, die starren, weil seit Jahrzehnten bestehenden, Strukturen in Österreich anzusprechen und aufzubrechen. Haider brachte (und über das Wie lässt sich wohl noch die nächsten 100 Jahre vortrefflich streiten) das sogenannte Ausländer-Thema auf die Agenda und der seit Jahren und Jahrzehnten gelebte Proporz zwischen SPÖ und ÖVP machte es Jörg Haider leicht, sich bei der Bevölkerung Gehör zu verschaffen.

Jörg Haider sorgte aber auch für das Betreten und Überschreiten von Tabuzonen. Das wiederum hatte und hat zur Folge, dass es bis heute Parteien, Politiker und vor allem Flügel innerhalb der SPÖ gibt, die Themen und teilweise aus der Sicht der Bürger leicht nachvollziehbare Sorgen und Anregungen verächtlich zur Seite schieben. Bemüht, nur ja nie und in irgendeiner Weise Jörg Haider von damals zu nahe zu kommen.

Klar ist aber auch, dass Jörg Haider Österreichs Politik, den Umgang der Politiker miteinander und damit auch die SPÖ nachhaltig geprägt und bis heute beeinflusst hat. Beim auch 2017 immer noch oder schon wieder auf der Tagesordnung stehenden Thema der Integration und Zuwanderung scheint sich nach wie vor der Schatten Haiders über die SPÖ zu legen.

Michael Häupl:

Ehe sich Michael Häupl ab 2016 mehr und mehr in die Graben- und Richtungskämpfe der Wiener SPÖ verwickelt sah (dazu später mehr), schien er nicht ein, sondern rund zwei Jahrzehnte das Machtzentrum innerhalb der SPÖ zu sein. Zu vergleichen mit der Rolle, die nahezu zeitgleich dem niederösterreichischen Landeshauptmann Erwin Pröll innerhalb der ÖVP zugeschrieben wurde.

Politikaffin war Michael Häupl schon in frühen Jahren. Wenngleich zunächst auf Abwegen. Als Mittelschüler war Michael Häupl Mitglied und Sprecher der schlagenden Schülerverbindung Jungmannschaft Rugia zu Krems. Nach eigenen Angaben trat er jedoch als 19-Jähriger aus der Verbindung aus. Während des Studiums engagierte er sich beim Verband Sozialistischer StudentInnen, dessen Bundesvorsitzender er von 1975 bis 1978 war. Seit 1978 ist Michael Häupl auch Mitglied des SPÖ-Bezirksparteiausschusses von Wien-Ottakring. Von 1983 bis 1988 war er Mitglied des Wiener Gemeinderats und Landtags, dann bis 1994 Stadtrat und Landesrat für Umwelt und Sport. 1993 löste er Hans Mayr als Landesparteivorsitzender der SPÖ ab und am 7. November 1994 Helmut Zilk als Bürgermeister von Wien. 1996 verlor die SPÖ Wien, erstmals in der Zweiten Republik, unter Michael Häupl die absolute Mehrheit und ging mit der ÖVP unter Bernhard Görg eine Koalition ein. Bei der Wiener Wahl 2001 holte Häupl mit der SPÖ wieder die absolute Mandatsmehrheit im Gemeinderat. Im Jahr 2005 konnte die SPÖ bei der Landtags- und Gemeinderatswahl noch einmal auf knapp 49 Prozent zulegen.

Bei der Landtags- und Gemeinderatswahl 2010 verlor die SPÖ abermals die absolute Mehrheit und kam nur mehr auf 44,34 Prozent und 49 Mandate (von insgesamt 100). Die neue Stadtregierung wurde von der SPÖ in einer Koalition mit den Wiener Grünen gebildet und 2015 sackte die Häupl-SPÖ auf 39,6 Prozent ab. Häupl verstrickte sich immer mehr in SPÖ-interne Schlagabtäusche und kündigte im April 2017 an, sich nach der nächsten Nationalratswahl als Bürgermeister und Wiener SPÖ-Chef zurückzuziehen.

Wie auch immer Wahlen in Wien in all den Jahren ausgingen: Die Macht der Bundes-SPÖ war stets dadurch eingeengt, sich mit der Wiener SPÖ und mit Michael Häupl abstimmen zu müssen. Drehte Michael Häupl den Daumen nach unten, war der Ofen schnell aus. Siehe Werner Faymann im Frühjahr 2016.

Michael Häupl definierte sich Zeit seines politischen Wirkens als Bollwerk gegen rechts und als Mann, der sich stets mit aller Kraft gegen eine Koalition mit der FPÖ zu wehren versuchte. Persönlich verband Michael Häupl immer eine parteiübergreifende Männerfreundschaft mit Niederösterreichs Landeshauptmann Erwin Pröll und nicht selten erstickte das Duo Häupl/Pröll diverse Versuche, deren Einfluss zu minimieren, bereits im Ansatz.

Durchwachsen sieht die Häupl-Bilanz auch Christoph Kotanko: „Michael Häupl personalisiert Glanz und Elend der Wiener Sozialdemokratie. Viele Jahre lang hatte er alle Fäden in der Hand, nicht zum Schaden der Stadt, muss man sagen. In seiner Personalpolitik tat er manchen Fehlgriff, auch das Budget der Stadt entglitt ihm und seinen Leuten zusehends. Am Ende seiner Amtszeit hat er „die Überfuhr versäumt", sowohl ideologisch als auch personell."

Und, wie Kotanko ausführt, sei auch Häupls Kurs im Umgang mit der FPÖ zumindest fragwürdig: „ Ideologisch war Häupls strammer Anti-FPÖ-Kurs in der Partei äußerst umstritten, die Lebenswirklichkeit in vielen Bezirken unterscheidet sich eben von der Chefetage im Rathaus."

Abschließender Nachsatz von Kotanko: „Wegen seiner ungeklärten Nachfolge brachen Diadochenkämpfe aus, wie sie die Wiener SPÖ nie zuvor erlebt hat. Das verdunkelt das Bild eines Bürgermeisters, der die Stadt viele Jahre ordentlich regiert hat."

Rudolf Hundstorfer:

Alles war so schön – eine politische Karriere wie aus dem Bilderbuch der SPÖ. Gemeinderat in Wien, Präsident des ÖGB, ab 2008 rund acht Jahre lang Sozialminister mit hohen Beliebtheitswerten. Im Grunde gab es keinen Job, für den Hundstorfer SPÖ-intern nicht als Personalreserve gehandelt wurde. Bürgermeister in Wien? Bundeskanzler? Und plötzlich war alles anders. 2016 von Bundeskanzler Werner Faymann ins Rennen um die Hofburg geschickt, ging Hundstorfer mit fliegenden Fahnen unter.

So strahlend seine Karriere auch verlaufen sein mag, am Ende standen und stehen in alle Ewigkeit 11,28 Prozent, ein Debakel von Ost bis West mit historischen 4,31 Prozent in Vorarlberg.

Böse ist man Hundstorfer in der Partei freilich nicht. Andernfalls wäre er knapp nach seinem Wahldebakel nicht auf dem Stuhl des stets von der SPÖ besetzten Präsidenten der Bundes-Sportorganisation gehievt geworden.

Auch so kann man – wie böse Zungen behaupten – Politiker entsorgen.

Franz Jonas:

1899 in Floridsdorf geboren, ist Franz Jonas bis heute auch jüngeren Menschen ein Begriff. Was wohl auch mit der Tatsache zu tun hat, dass es einen Franz-Jonas-Platz in Wien gibt und dass er bis heute von der SPÖ hochgehalten wird.

Er konnte freilich auch auf eine große Karriere in der und für die Partei (und Österreich) verweisen.

Als Vorsitzender der SPÖ Wien leitete er die mit Abstand stärkste Landesorganisation der Partei. Zugleich war Jonas stellvertretender SPÖ-Bundesparteivorsitzender (unter Adolf Schärf bzw. Bruno Pittermann). In den höchsten Parteigremien widersetzte er sich zusammen mit Vertretern des linken Flügels den Machtansprüchen des populären Gewerkschaftsführers und Innenministers Franz Olah, der eine kleine SPÖ-FPÖ-Koalition anstrebte. So gesehen fungierte schon Jonas als Vorreiter im Kampf gegen die damals in ihrem Wirkungsbereich freilich noch überschaubare FPÖ.

Franz Jonas war von 1952 bis 1953 Mitglied des Bundesrates und dann bis 1965 Abgeordneter zum Nationalrat. Nach dem Tod von Adolf Schärf wurde Jonas zum Bundespräsidenten gewählt. Mit 50,7

Prozent der Stimmen – dem bisher knappsten Ergebnis einer Präsidentenwahl – konnte er sich gegen den Kandidaten der ÖVP, Altbundeskanzler Alfons Gorbach, durchsetzen.

Schon wenige Monate nach seinem Amtsantritt musste Jonas mit ansehen, wie die große Koalition von ÖVP und SPÖ, deren Befürworter er war, zerbrach. 1966 ernannte er nach dem klaren ÖVP-Sieg bei den Nationalratswahlen die erste Alleinregierung unter Bundeskanzler Josef Klaus, während die SPÖ in die Opposition ging und 1967 Bruno Kreisky zum Vorsitzenden kürte.

1970 gestattete Jonas ungeachtet scharfer Kritik von bürgerlicher Seite die Bildung einer SPÖ-Minderheitsregierung durch Bruno Kreisky, dem es dann bei vorgezogenen Neuwahlen 1971 gelang, die absolute Mandatsmehrheit zu holen. 1971 kam Jonas dem Wunsch seiner Partei nach, sich für eine zweite Amtsperiode in der Hofburg zur Verfügung zu stellen. Die ÖVP nominierte Ex-Außenminister Kurt Waldheim als Gegenkandidaten. Waldheim (der Jahre später auch noch für so manche Schlagzeilen sorgen sollte) versprach im Duell mit Jonas eine Präsidentschaft neuen Stils. Jonas wurde eindrucksvoll im Amt bestätigt. Zu den Höhepunkten seiner Amtszeit gehörte ein Staatsbesuch bei Papst Paul VI. im Vatikan.

Christian Kern:

Mai 2016: Christian Kern kam, sah und sprach. Von „Machtversessenheit und Zukunftsvergessenheit". Von neuem Stil. Von einem New Deal. Von einem Plan A. Von einem Programm für Wohlstand, Sicherheit und gute Laune und davon, man möge sich doch einfach „holen, was einem zusteht …". Die Regierungskoalition mit der ÖVP konnte Christian Kern mit alledem freilich nicht mehr retten.

Aufgewachsen in Wien-Simmering, Matura in Wien-Simmering. Studium in Wien und Engagement für den Verband Sozialistischer StudentInnen. 1991 wurde er in der Bundesregierung Vranitzky III Assistent des Staatssekretärs Peter Kostelka im öffentlichen Dienst im Bundeskanzleramt. 1994 wurde Kern Büroleiter und Pressesprecher des Klubobmannes des SPÖ-Parlamentsklubs. Es folgte die klassische Karriere für SPÖ-affine Manager bei Verbund und ÖBB.

Stets als die Personalreserve innerhalb der SPÖ gehandelt, ereilte ihn im Mai 2016 (nachdem die SPÖ-Basis am 1. Mai Werner Faymann quasi aus dem Amt gebuht und gepfiffen hatte) tatsächlich der Ruf aus dem Bundeskanzleramt.

Auf Wunsch (fast) aller in der SPÖ und wohlwissend, dass große Namen innerhalb der Partei nicht immer von Kerns Fähigkeiten als Politiker überzeugt waren.

Doris Bures, Nachfolgerin der 2014 verstorbenen Barbara Prammer als Nationalratspräsidentin, sagte Ende 2014 in einem Interview auf Christian Kern angesprochen: „So wie ich nicht so eine gute Bahn-Managerin wäre, wäre er nicht so ein guter Politiker."

Die Jahre 2016 und 2017 wurde Christian Kern hin- und hergerissen zwischen Lagerkämpfen innerhalb der SPÖ, zwischen humanen Notwendigkeiten und real- und emotionalpolitischen Debatten in der Flüchtlings- und Asylthematik. Zwischen einem EU-Bekenntnis und den daraus entstehenden Debatten über das Bekenntnis zu Österreich. In der Debatte zu einem Ja oder Nein zu einer allfälligen Koalition mit der FPÖ.

Journalist Peter Rabl beurteilte Christian Kern 2017 so:

„Er hat wohlüberlegt, weil seit Jahren darauf vorbereitet, das Amt des Bundeskanzlers übernommen und er hat überzeugende Absichten geäußert, wie er das Land reformieren will. Aber er ist schwach in politischer Taktik. Zum Beispiel der Versuch, dem Koalitionspartner vorschreiben zu wollen, wer Vizekanzler werden soll und auch die Ansage vom Vollholler war nicht wirklich glücklich." Rabl resümierend: „Ich sehe ihn eher als hervorragenden Manager denn als Politiker."

Eines Tages wird das politische Lebenswerk von Kern, der 2016 zum Bundeskanzler aufstieg, ohne sich je einer Wahl gestellt zu haben, an der Umsetzbarkeitsquote des Plan A gemessen.

Wobei die höchste Chance auf Realisierung von ebendiesem an jenem Tag kommen wird, an dem die SPÖ bei einer Nationalratswahl 50 Prozent und eine Stimme holen wird. Wann auch immer das sein mag.

Dass Programme und Inhalte bei der SPÖ nämlich sehr wohl ein langes Haltbarkeitsdatum haben, weiß man spätestens seit den Hainfelder Einigungstagen 1888, 1889.

Und seit Erstellung des SPÖ-Parteiprogramms anno 1998 (bis 2017 und ff?).

Rudolf Kirchschläger:

Im Weltkrieg schwer verwundet, ging er nicht den klassischen Weg vieler SPÖ-Politiker. Er arbeitete als Richter, später als Botschafter in Prag. 1970 wurde Kirchschläger parteiloser Außenminister im Kabinett von Bruno Kreisky. 1974 mehrten sich nach dem Tod von Bundespräsident Franz Jonas in der SPÖ die Stimmen, Bundeskanzler Bruno Kreisky solle selbst für dieses Amt kandidieren. Kreisky lehnte ab. Der parteilose Katholik Kirchschläger wurde als idealer Kandidat angesehen. Dass Kirchschläger bei der Wahl gegen den von der ÖVP unterstützten Innsbrucker Bürgermeister Alois Lugger mit 51,7 Prozent gewann, lag aber auch daran, dass innerhalb der ÖVP lange große Uneinigkeit herrschte. Lugger war in der ÖVP erst nach einem parteiinternen Putsch in letzter Minute gegen den von der Parteiführung bereits als Kandidat aufgestellten ehemaligen Generalsekretär Hermann Withalm installiert worden.

Aufgrund seiner enormen Popularität gestaltete sich Kirchschlägers Wiederwahl 1980 zum Triumph: Kirchschläger wurde als nunmehr gemeinsamer Kandidat von SPÖ und ÖVP mit dem bis heute unerreichten Rekordergebnis von 79,9 Prozent der abgegebenen gültigen Stimmen (Wahlbeteiligung: 91,6 Prozent) gewählt.

Viktor Klima:

Dem gebürtigen Schwechater ist ein Platz in den SPÖ-Annalen sicher. Aus gutem Grund. Besser gesagt aus weniger gutem Grund.

Bereits in seiner Schulzeit war Viktor Klima (Jahrgang 1947) Mitglied in unterschiedlichen SPÖ-nahen Jugendverbänden. Er arbeitete ab 1969 bei der ÖMV, kam 1990 in den Vorstand. Im April 1992 holte Bundeskanzler Franz Vranitzky Klima als Minister für öffentliche Wirtschaft und Verkehr in die Regierung. 1996 wurde Viktor Klima Finanzminister. Nach Vranitzkys Rücktritt im Jänner 1997 folgte er diesem als SPÖ-Parteivorsitzender und Bundeskanzler.

Es war eine politisch heikle Zeit für die Partei – die Abgrenzung zu der von Jörg Haider geführten FPÖ wurde immer mehr Richtung Ausgrenzung weiterentwickelt und engte die Kooperationsmöglichkeiten der SPÖ nicht nur real- und tagespolitisch, sondern auch und vor allem im Hinblick auf allfällig zu bildende Koalitionen stark ein.

Was folgte war die Höchststrafe aus Sicht der Sozialdemokratie. Am 3. Oktober 1999 ging die SPÖ aus den Nationalratswahlen trotz erheblicher Verluste (minus 4,91 Prozent) als stimmenstärkste Partei hervor. Da die SPÖ sich seit Jörg Haiders Übernahme des Parteivorsitzes aber eben strikt von der FPÖ abzugrenzen versuchte, war die ÖVP der einzig mögliche Koalitionspartner (mit den Grünen gab es für die SPÖ keine Mandatsmehrheit). Also lief Viktor Klima mit seiner SPÖ Wolfgang Schüssel ins offene Messer und landete in der harten Realität auf der Oppositionsbank, während Schüssel ins Kanzleramt einzog und die FPÖ an Bord nahm. Auf 33,15 Prozent der Wählerstimmen sitzend, war die SPÖ also weg vom (Regierungs-)Fenster.

Es folgten die inzwischen auch schon fast legendären Donnerstagdemos gegen Schwarz-Blau und es folgte der Abschied Viktor Klimas aus der Politik. Er ging zur Volkswagen-Gruppe nach Argentinien und war dort zeitweise auch als Berater des damaligen argentinischen Präsidenten Néstor Kirchner aktiv. Zurück blieb eine vergrämte SPÖ, die erst 2007 wieder auf die Regierungsbank zurückfinden sollte. Und es blieb das negative Fallbeispiel Viktor Klimas, wie man (salopp formuliert) Koalitionsverhandlungen vergeigen kann.

Journalist Peter Rabl, damals Chefredakteur und Herausgeber des KURIER, bilanziert das politische Lebenswerk von Viktor Klima mit Verweis auf den kanadischen Professor Laurence J. Peter und das von ihm kreierte Peter-Prinzip:

„In a hierarchy every employee tends to rise to his level of incompetence.".

Übersetzt heißt das: „In einer Hierarchie neigt jeder Beschäftige dazu, bis zu seiner Stufe der Inkompetenz aufzusteigen." Viktor Klima habe, so Peter Rabl, diese Stufe der Überforderung und Unfähigkeit als Bundeskanzler erreicht.

Nicht wesentlich charmanter fällt der Befund über Klima durch Christoph Kotanko, einige Jahre auch Stellvertreter von Chefredakteur Peter Rabl beim KURIER, aus: „Viktor Klima war ein beliebter Finanzminister. Das sind Finanzminister in Österreich seltsamerweise meistens. Aber als Regierungschef war er völlig überfordert."

Kotanko geht ins Detail: „Er hatte eine solide ideologische Grundierung, war schon seit der Schulzeit in der SPÖ aktiv – aber den Anforderungen des Kanzleramtes war er intellektuell nicht gewachsen. Das zeigte sich auch bei den gescheiterten Regierungsverhandlungen, die Schwarz-Blau erst ermöglichten. Ein politisch kluger Kopf hätte Schüssel vielleicht ausgespielt."

Die „große" Zeit des Ex-Kanzlers sei – so gesehen - erst später gekommen: „Dass Klima sehr wohl etwas draufhat, zeigte er anschließend bei VW in Südamerika. Er bekam den Posten zwar durch eine politische Intervention, leistete aber sehr gute Arbeit als Generalbevollmächtigter von VW in Südamerika."

Bruno Kreisky:

Das hohe Lied über Kreisky werden manche (mit SPÖ-Nähe) noch in alle Ewigkeit singen. Kein zweiter Politiker hat die Partei dermaßen nachhaltig geprägt wie der 1990 verstorbene Ex-Kanzler. In Erinnerung an eine Passage in der Grabrede von Willy Brandt („Lebwohl, mein lieber, schwieriger Freund") sei an dieser Stelle auch ein kurzer Blick auf die etwas andere Seite der Politik von Bruno Kreisky gerichtet. Mit etwas weniger Verklärung. Vor allem an drei Punkten machten und machen jene, die Bruno Kreisky nicht als den Wunderwuzzi einzustufen bereit waren, ihre Kritik fest.

Kritikpunkt 1:

Ginge es nach dem Willen von Bruno Kreisky wäre Österreich heute ein Land mit Atomenergie. Kreisky und die SPÖ traten für den Bau von Kernkraftwerken in Österreich ein. Die Atomenergie wurde seinerzeit für die modernste Form der Energieerzeugung gehalten. In der österreichischen Bevölkerung waren aber die Atomkraftgegner in höchsten Maßen engagiert und organisiert. Um den Kritikern den Wind aus den Segeln zu nehmen und in Erwartung der Zustimmung der Mehrheit, entschloss sich Kreisky zu einer Volksabstimmung über die Inbetriebnahme des bereits gebauten Kernkraftwerks Zwentendorf.

Bei dieser ersten Volksabstimmung in der Geschichte Österreichs stimmten 50,47 Proeznt gegen die Inbetriebnahme, womit die Atomenergie für Österreich vom Tisch war. Kreisky verschmerzte die Niederlage bei der Abstimmung recht schnell und erzielte bei der Wahl im nächsten Jahr wieder die absolute Mehrheit.

Das im Dezember 1978 beschlossene Atomsperrgesetz wurde 1999 einstimmig zum Verfassungsgesetz erweitert. Und Zwentendorf steht immer noch.

Kritikpunkt 2:

Kreiskys Zugang zum Thema Staatsfinanzen wäre heute – vorsichtig formuliert – auch nicht mehr wirklich mehrheitsfähig. Und noch weniger tragfähig.

„Und wenn mich einer fragt, wie denn das mit den Schulden ist, dann sage ich ihm das, was ich immer wieder sage: Dass mir ein paar Milliarden Schulden weniger schlaflose Nächte bereiten, als mir ein paar hunderttausend Arbeitslose mehr bereiten würden." So lautet das Zitat im Original, mit dem sich Bruno Kreisky in den 70er-Jahren in die Herzen der Österreicher argumentierte.

Bis heute kritisiert werden daher die unter Kreisky ständig gestiegenen Staatsschulden. Die Bundesfinanzschulden betrugen 1970 noch 12,5 Prozent des BIP (bzw. 3,4 Milliarden Euro) und waren bis zum Jahr 1983 auf 32,4 Prozent des BIP (bzw. 30,2 Milliarden Euro) gestiegen. Was unter Kreisky noch Wählerstimmen brachte, wird bis heute von Kreisky-Gegnern und von neutralen Beobachtern als Startschuss einer aus dem Ruder laufenden Schuldenpolitik gesehen.

Kritikpunkt 3:

Die Simon-Wiesenthal-Affäre.

Der legendäre Nazi-Jäger Simon Wiesenthal stieß vor der Nationalratswahl vom 5. Oktober 1975 darauf, dass FPÖ-Obmann Friedrich Peter bei einer im besetzten Osten aktiven SS-Terroreinheit tätig gewesen war. Er informierte Bundespräsident Rudolf Kirchschläger, weil Kreisky keine absolute Mehrheit erwartete und eine SPÖ-FPÖ-Koalitionsregierung mit Peter als Vizekanzler anpeilte. Kirchschläger leitete die Information an Kreisky und Peter weiter. Vier Tage nach der Wahl, bei der Kreisky zum zweiten Mal die absolute Mehrheit erreichte, veröffentlichte Wiesenthal seine Kritik an Peter bei einem Pressegespräch. Worauf bei Kreisky – wie es politischer Beobachter formulierten – die Sicherungen durchbrannten.

Kreisky begann am 10. Oktober 1975 mit heftigen, emotionalen Untergriffen gegen Wiesenthal, den er in die Nähe der Gestapo rückte und als „Nazi-Kollaborateur“ bezeichnete. Die Wiederholung der bereits widerrufenen Behauptung führte später zur Verurteilung Kreiskys wegen übler Nachrede und zu einer bedingten Geldstrafe.

Bis zum Ende seines Lebens fand Kreisky keinen Zugang mehr zu Simon Wiesenthal und verblieb in aufrechter Feindschaft.

Dass ausgerechnet die SPÖ-Ikone einen vermeintlichen rechten Recken gegen Wiesenthal mit derartiger Härte verteidigte, irritierte und irritiert selbst jene, die immer bemüht waren, das Denkmal von Bruno Kreisky unbefleckt zu belassen.

Hans Niessl:

Der 1951 geborene Zurndorfer avancierte im Jahr 2000 zum Landeshauptmann im Burgenland und setzte in zweierlei Hinsicht Akzente von landes- bzw. bundesweiter Bedeutung.

Bei der Landtagswahl am 9. Oktober 2005 erzielte die SPÖ unter Hans Niessl einen historischen Wahlerfolg und errang erstmals seit den 80er-Jahren mit über 52 Prozent der Stimmen auch die absolute Mandatsmehrheit. Zehn Jahre später setzte er eine Maßnahme, die in ihrer Bedeutung weit über die Grenzen des Burgenlandes hinausging. Aus der Landtagswahl mit rund 42 Prozent der Stimmen ausgestattet, entschloss sich Hans Niessl zu einer Koalition mit der FPÖ und führte damit die bis dahin immer noch für viele in Stein gemeißelte „Vranitzky-Doktrin" ad absurdum.

Dagegen regte sich SPÖ-intern teilweise heftiger Widerstand, der zum einen vom linken Flügel und zum anderen aus den Reihen der SPÖ-Jugendorganisation daherkam.

Niessl diente ab dann FPÖ-Politikern auf Bundesebene als immerwährendes Argument gegen die ihrer Meinung nach ungerechtfertigte Ausgrenzungspolitik.

Eine Diskussion, die innerhalb der SPÖ noch über Generationen geführt werden wird.

Und wie urteilt Journalist Christoph Kotanko über Hans Niessl?

„Hans Niessl glaubt, das Burgenland sei die kleine Welt, in der die große ihre Probe hält. Da täuscht er sich. Niessl ist ein eiserner Machtpolitiker – kein anderes Bundesland ist derart von der Parteibuchwirtschaft durchdrungen. Wirtschaftlich profitierte er nachhaltig vom EU-Beitritt, was ihn nicht hindert, mit EU-Gegnern zu flirten. Mit Rot-Blau auf Landesebene hat er eine Alleinregierung mit FPÖ-Dekor. Auf die Bundesebene lässt sich das nicht ohne weiteres übertragen."

Bruno Pittermann:

Politisch betätigte sich Pittermann seit seinem 18. Lebensjahr bei den Sozialdemokraten. Nach der Wahl des langjährigen SPÖ-Vorsitzenden und Vizekanzlers Adolf Schärf zum Bundespräsidenten wurde Pittermann am 8. Mai 1957 zum Parteivorsitzenden gewählt und zwei Wochen später als Vizekanzler der Bundesregierung Raab II angelobt. Die SPÖ erhielt unter Pittermanns Führung bei den Nationalratswahlen 1959 mehr Stimmen, aber ein Abgeordnetenmandat weniger als die ÖVP. Darauf erhob sie erfolgreich Anspruch auf das Außenministerium zugunsten von Bruno Kreisky, der in der Bundesregierung Raab III Leopold Figl als Außenminister ablöste. Vor der Wahl war für den Parteivorsitzenden mit dem Plakatslogan „Pittermann *für Jedermann,* Jedermann für Pittermann" geworben worden. Pittermann gehörte in der Folge den Bundesregierungen Raab IV, Gorbach I, Gorbach II und Klaus I als Vizekanzler an, war somit in Summe rund zehn Jahre SPÖ-Chef, aber dennoch nie Bundeskanzler – ein SPÖ-interner Rekord der etwas anderen Art.

Außenpolitisch war Pittermann so gesehen erfolgreicher und anerkannter. Er gehörte zu den Initiatoren des Österreichischen China-Forschungsinstituts und engagierte sich für die 1971 erfolgte Aufnahme diplomatischer Beziehungen zwischen Österreich und der

Volksrepublik China. 1974 wurde er in Peking von Deng Xiaoping empfangen.

Rund zwölf Jahre lang war er (als Vorgänger des legendären Deutschen Willy Brandt) Vorsitzender der Sozialistischen Internationale.

Barbara Prammer:

Die 1954 geborene Oberösterreicherin war eine der ganz wenigen SPÖ-Politikerinnen, die es innerhalb der Partei und in Österreich bis ganz nach oben geschafft hat. 1990 wurde sie zur Landesfrauenvorsitzende der SPÖ Oberösterreich gewählt und hatte diese Position bis 2005 inne. 1995 wählte sie die Bundes-SPÖ zu einer der stellvertretenden Parteivorsitzenden. Ab 1991 war sie als Landtagsabgeordnete und Vizepräsidentin des Landtags in der oberösterreichischen Landespolitik tätig. Von 1995 bis 1997 war sie Landesrätin für Wohnbau und Naturschutz. Im Februar 1997 berief sie Bundeskanzler Viktor Klima als Bundesministerin für Frauenangelegenheiten und Konsumentenschutz in die Regierung. In drei Jahren als Ministerin erregte sie durch ungewöhnliche familienpolitische Aussagen Aufmerksamkeit.

Zum ungleichen Pensionsantrittsalter von Männern und Frauen etwa sagte sie 2002: „Diese fünf Jahre sind ein Pfand in der Hand der Frauen, und dieses Pfand ist sehr, sehr wertvoll und kostbar und das war es in der Vergangenheit schon und das wird es auch in der Zukunft sein. Das heißt, hier haben Frauen noch immer die Möglichkeit, ‚Ihr in der Politik, Ihr oder Du liebe Gesellschaft bist uns noch einiges schuldig, und dann wenn ihr sozusagen diese Aufgaben erledigt habt, dann reden wir über das gesetzliche Pensionsalter.‘ zu sagen.“

2006 avancierte Barbara Prammer zur ersten Präsidentin des Nationalrats. Ihre persönliche Leidens- und Krankengeschichte (im September 2013 ließ sie öffentlich ihre Krebserkrankung bekannt geben) berührte und rührte das Land und trug wesentlich zur Offenheit im Umgang mit dieser schweren Erkrankung bei. Im August 2014 verstarb Barbara Prammer im Kreis ihrer Familie und wurde unter großer Anteilnahme der Bevölkerung vor dem Parlament verabschiedet. Sie hat ein Ehrengrab auf dem Wiener Zentralfriedhof.

Karl Renner:

1870 in Mähren geboren, war Karl Renner ab 1931 Nationalratspräsident. Sein Rücktritt und der seiner beiden Stellvertreter am 4. März 1933 wurde von Bundeskanzler Engelbert Dollfuß als Selbstausschaltung des Parlaments begrüßt und als Vorwand für die Etablierung der Ständestaatsdiktatur genützt, die von ihren Gegnern als Austrofaschismus bezeichnet wurde. 1938 war er der bedeutendste sozialdemokratische Befürworter des „Anschlusses" an das Deutsche Reich.

Renner verbrachte die Zeit der NS-Herrschaft unter Hausarrest in Gloggnitz, wo er ein Haus besaß. Dieser Hausarrest war von den Nationalsozialisten sehr großzügig bemessen worden. Als Österreich als unabhängiger Staat nach dem Zweiten Weltkrieg wiedererrichtet wurde, war er als Chef der provisorischen Regierung neuerlich einer der Hauptakteure. Von Dezember 1945 bis zu seinem Tod 1950 amtierte er als erster Bundespräsident der Zweiten Republik.

Die SPÖ bewahrt Karl Renner nach wie vor ein Denkmal. Auch in Form des gleichnamigen Dr.-Karl-Renner-Instituts, dem 2017 Ex-Kanzler Alfred Gusenbauer vorstand. Dieses Institut definiert sich als „Die politische Akademie der SPÖ".

Adolf Schärf:

1890 in Südmähren geboren, seine Eltern waren arm. Nach der Auflösung der österreichisch-ungarischen Monarchie arbeitete er in der Ersten Republik auf Vermittlung von Otto Glöckel von 1918 bis 1933 als Sekretär des sozialdemokratischen Abgeordnetenklubs und des sozialdemokratischen Parlamentspräsidenten Karl Seitz. Nach dem Anschluss Österreichs an das Deutsche Reich im März 1938 wurde er von der Gestapo festgenommen und verbrachte zwölf Tage in Polizeihaft. 1943 wurde Schärf vom deutschen Sozialdemokraten Wilhelm Leuschner in Wien besucht und wegen der Perspektiven einer möglichen Zusammenarbeit nach Hitler kontaktiert. Er lehnte aber spontan ab, das Verbleiben Österreichs im staatsrechtlichen Verband des Deutschen Reiches nach dem Krieg in Erwägung zu ziehen und wurde so zitiert: „Der Anschluss ist tot. Die Liebe zum Deutschen Reich ist den Österreichern ausgetrieben worden."

Schärf war Mitglied der Widerstandsgruppe O5 und war nach dem Attentat vom 20. Juli 1944 auf Hitler – wie schon 1934 und 1938 – in politischer Haft. Diese dauerte fünf Wochen. Sein Sohn Reinhold wurde zur Wehrmacht eingezogen, er fiel in Russland. Vom 12. bis 14. April 1945, unmittelbar nach der Schlacht um Wien, war Schärf im Roten Salon des Wiener Rathauses an der Neugründung der SPÖ durch den Zusammenschluss von Sozialdemokraten und den Revolutionären Sozialisten beteiligt und wurde zum provisorischen Vorsitzenden bestellt. Am 27. April 1945 war Schärf für die Sozialdemokraten Mitunterzeichner der Österreichischen Unabhängigkeitserklärung.

Sein politisches Lebenswerk vollendete Schärf von 1957 bis 1965 als Bundespräsident.

Wolfgang Schüssel:

Wolfgang Schüssel ist der zweite von drei Österreichern, der es in diesem Buch geschafft hat, die SPÖ nachhaltig zu verändern und zu prägen – ohne je selbst Mitglied oder Sympathisant der österreichischen Sozialdemokratie gewesen zu sein. Auf (für die SPÖ) extrem schmerzhafte Weise.

Wir blenden noch einmal zurück ins Jahr 1999. Die hohen Zeiten der SPÖ und der ÖVP waren längst vorüber und dieser Umstand wurde bei ebendieser Wahl durch zwei Minus erneut belegt. Die Sozialdemokraten verloren unter Bundeskanzler Viktor Klima 4,91 Prozent und landeten mit 33,15 Prozent auf Platz eins. Die ÖVP unter Spitzenkandidat Wolfgang Schüssel landete mit 26,91 Prozent gar nur (ein paar Hundert Stimmen hinter der FPÖ) auf Platz drei. Ein paar taktische Manöver und Winkelzüge später, dazu die selbstauferlegte Blockade der SPÖ, mit der FPÖ (unter Jörg Haider) nicht zu können und nicht zu wollen, und schon war es passiert.

Wolfgang Schüssel (von ÖVP-Insidern und Freunden bis heute als brillanter Taktiker gefeiert) zog alle Register und mit Koalitionspartner FPÖ ins Bundeskanzleramt ein.

Daran änderte auch ein bis heute unvergessliches Mienenspiel von Bundespräsident Thomas Klestil, der aus seiner Abneigung gegen diese Form der Koalition keinen Hehl zu machen versuchte, nichts. Daran änderten auch dann mehrere Wochen stattfindende Donnerstagdemonstrationen gegen Schwarz-Blau nichts. Wolfgang Schüssel hatte die SPÖ ins Mark getroffen und unter Beweis gestellt, dass man (SPÖ) zwar als Erster durchs Ziel kommen kann, aber es dennoch nicht auf das Podest schafft. Eine Demütigung erster Güteklasse für die Sozialdemokraten, das politische Ende von Viktor Klima und der Auftakt von sieben (verdammt) harten Jahren für die SPÖ.

2002 nutzte Schüssel die durchaus erfolgreichen FPÖ-Selbstzerfleischungsbemühungen und führte die ÖVP zu einem (im Rückblick) fast historischen Erfolg. Ein Plus von 15,39 Prozent auf 42,30 Prozent und ein überlegener Sieg der ÖVP unter Schüssel trafen die SPÖ erneut schwer.

Über Jahrzehnte traumatisierten die nahezu meisterlichen Winkelzüge Schüssels die SPÖ und lösten vor allem intensive parteiinterne Debatten in der Sozialdemokratie über den Umgang mit den Freiheitlichen aus.

Eine Diskussion, die noch viele Bücher und viele Generationen überdauern wird.

Fred Sinowatz:

1929 als Kind einer burgenländisch-kroatischen Familie geboren, fand Sinowatz rasch den Weg in die SPÖ und in die Politik. Er war von 1957 bis 1969 Mitglied des Gemeinderates von Neufeld an der Leitha. 1961 wurde Sinowatz Landesparteisekretär der SPÖ Burgenland. Ebenfalls 1961 wurde er Abgeordneter im burgenländischen Landtag und war von 1964 bis 1966 Landtagspräsident. Von 1966 bis 1971 war er als Landesrat für Kultur Mitglied der Landesregierung. Anschließend wechselte er in den Nationalrat, wo er bis zu seiner Ernennung zum Bundeskanzler 1983 als Abgeordneter diente. Nach dem Verlust der absoluten SPÖ-Mehrheit bei der Nationalratswahl am 24. April 1983 und Kreiskys Rücktritt wurde Fred Sinowatz Bundeskanzler, ohne den Eindruck zu erwecken, dies auch inbrünstig zu wollen.

Vor dem Wahlkampf um die Bundespräsidentschaft im Jahr 1986 deutete Fred Sinowatz in einer Sitzung des Vorstandes der burgenländischen SPÖ gemäß der späteren Darstellung von Ottilie Matysek an, man werde die Österreicher rechtzeitig auf die „braune Vergangenheit" des ÖVP-Kandidaten Kurt Waldheim aufmerksam machen. Diese Bemerkung gelangte durch eine Indiskretion an das Nachrichtenmagazin PROFIL, das deshalb zu recherchieren begann und damit die Waldheim-Debatte eröffnete. Während des gesamten Wahlkampfes stellte sich Sinowatz klar gegen Waldheim. Auf dessen Versicherung, er sei nicht Mitglied des SA-Reiterkorps gewesen und dort nur ab und zu mitgeritten, konterte Sinowatz mit der Bemerkung: „*Nehmen wir also zur Kenntnis, dass nicht Waldheim bei der SA war, sondern nur sein Pferd.*“ Einen Tag nach der Wahl Kurt Waldheims zum Bundespräsidenten trat Sinowatz als Kanzler zurück.

Nach seiner Zeit als Bundeskanzler zog sich Sinowatz aus dem öffentlichen Leben zurück, allerdings rückten ihn Gerichtsverfahren noch zwei Mal ins mediale Interesse. Er wurde 1991 wegen falscher Zeugenaussage in der Waldheim-Affäre rechtskräftig verurteilt, eine Anklage im Noricum-Politikerprozess endete am 24. Juni 1993 mit Freispruch.

Heinz-Christian Strache:

Kaum hatte sich in der SPÖ der Eindruck verdichtet, das Problem Jörg Haider und das Problem FPÖ seien für die Sozialdemokraten und für Österreich ausgestanden, kam Jörg Haider in gewisser Weise zurück. In Form eines jungen, dynamisch wirkenden Wieners, der scheinbar dort fortzusetzen schien, wo Jörg Haider aufgehört hatte. Wieder war da ein junger, eloquenter Mann, der am Puls der Zeit war und ein starkes Gefühl für die Sorgen und Wünsche der ÖsterreicherInnen hatte. Freilich musste HC Strache zuerst die FPÖ aus ihrer Schockstarre, aus Selbstgeißelungen und Parteispaltungstendenzen befreien. Was ihm offenbar gelang.

Strache holte die FPÖ, die zwischenzeitlich nach den erwähnten Turbulenzen in Umfragen auf rund 3 Prozent eingeschätzt wurde, zurück auf die große innenpolitische Bühne. Und schon waren und sind sie wieder da, die Diskussion in den roten Hinterzimmern und Gremien, wie man denn mit der FPÖ (diesmal unter Heinz-Christian Strache) umzugehen hätte.

Die Flüchtlingsdebatte des Jahres 2015 spielte Strache und der FPÖ ebenso in die Karten wie die Auseinandersetzungen der Jahre 2016 und 2017 innerhalb der Wiener SPÖ.

Dass die FPÖ unter HC Strache (der so wie dereinst Jörg Haider zum roten Tuch für die SPÖ aufstieg) tatsächlich das Comeback im Match um die großen Dinge in Österreichs politischer Landschaft zu schaffen imstande war, sah man spätestens durch das Ergebnis im ersten Wahlgang zur Bundespräsidentenwahl im Jahr 2016.

Rudolf Hundstorfer, Wunschkandidat von Werner Faymann:
11,28 Prozent.

Norbert Hofer, Wunschkandidat von HC Strache: 35,05 Prozent.
Und da war es wieder, das Problem der SPÖ: Die FPÖ ...

Fritz Verzetnitsch:

Im Mai 1945 in Wien geboren, schrieb Fritz Verzetnitsch ein Kapitel in der SPÖ-Geschichte, auf das sowohl Verzetnitsch als auch die SPÖ und andere gerne verzichtet hätten. Der Reihe nach.

1987 trat der (all-)mächtige Anton Benya nach über zwanzig Jahren von seiner Funktion als ÖGB-Präsident zurück. Die Gewerkschaftsspitze rang sich zu einem Generationenwechsel durch und wählte den damals erst 42-jährigen Verzetnitsch zum Präsidenten. Von 1993 bis 2003 übte dieser zusätzlich auch das Amt des Präsidenten des Europäischen Gewerkschaftsbundes aus. Ab 1985 war Verzetnitsch Mitglied des Bundesvorstandes, später des Bundesparteipräsidiums der SPÖ. Im März 2006 wurde bekannt, dass die im Besitz des ÖGB befindliche Bank BAWAG im Herbst des Jahres 2000 knapp vor der Insolvenz gestanden war. Die Bank hatte durch spekulative Geschäfte in Steueroasen in der Karibik hohe Verluste erlitten. Zur Abwendung der möglichen Insolvenz übernahm Verzetnitsch (so wurde überliefert) namens des ÖGB eine Haftung für die Verbindlichkeiten der Bank, indem er den sogenannten Streikfonds des ÖGB verpfändete. Er tat dies gemeinsam mit ÖGB-Finanzchef Günter Weninger – gleichzeitig BAWAG-Aufsichtsratsvorsitzender – ohne das Präsidium des ÖGB darüber in Kenntnis zu setzen.

Da die Insolvenz abgewendet werden konnte, wurde die Haftung nie schlagend. Dem ÖGB erwuchsen aber hohe finanzielle Nachteile beim wenig später erfolgten Rückkauf der BAWAG-Anteile des früheren Miteigentümers Bayerische Landesbank, da die BAWAG durch die verschleierten Verluste zu hoch bewertet wurde.

Infolge des Skandals trat Fritz Verzetnitsch am 27. März 2006 von allen seinen gewerkschaftlichen und politischen Funktionen zurück und wurde am 30. April vom ÖGB fristlos entlassen.

Rudolf Hundstorfer, zuvor Vorsitzender der Gewerkschaft der Gemeindebediensteten, übernahm die Nachfolge von Verzetnitsch als ÖGB-Präsident.

Im Zuge der BAWAG-Affäre reichte der ÖGB am 16. Juni 2006 eine Sachverhaltsdarstellung bei der Staatsanwaltschaft ein.

In Folge zog sich Verzetnitsch nicht nur aus der Politik, sondern mehr oder weniger auch aus dem öffentlichen Leben zurück.

Auf den parteirelevanten Würdigungsplattformen und Webseiten findet Verzetnitsch keine (große) Erwähnung mehr.

Franz Vranitzky:

Im Oktober 1937 in Wien geboren, hinterließ (außer Bruno Kreisky) kein zweiter SPÖ-Kanzler dermaßen tiefe Spuren in der Partei und in Österreich wie Franz Vranitzky. Seine berufliche Laufbahn begann Vranitzky 1961 bei Siemens. Noch im selben Jahr wechselte er in die Nationalbank. 1969 promovierte er zum Doktor der Handelswissenschaften. 1970 wurde er wirtschafts- und finanzpolitischer Berater von Finanzminister Hannes Androsch in der Regierung von Bundeskanzler Bruno Kreisky. Vranitzky setzte nach seiner Ernennung zum Bundeskanzler 1986 zunächst die Koalitionsregierung (Kabinett Vranitzky I) mit der FPÖ fort. Als am 13. September 1986 Jörg Haider im parteiinternen Duell gegen Norbert Steger zum Bundesparteiobmann der FPÖ gewählt wurde, beendete Vranitzky die Koalition am 14. September. Aus den Nationalratswahlen am 23. November 1986 ging die SPÖ wieder als stärkste Partei hervor und Vranitzky bildete 1987 ein neues Koalitionskabinett mit der ÖVP als Koalitionspartner (Kabinett Vranitzky II). 1988 folgte er Fred Sinowatz auch noch in der Funktion des Bundesparteivorsitzenden der SPÖ.

Spuren bis in die Gegenwart und wohl auch in die Zukunft hinterließ Vranitzky (auch) durch die legendäre „Vranitzky-Doktrin". Die drückte nicht mehr und nicht weniger ein klares Nein zur FPÖ aus und sollte die Abgrenzung gegenüber den Freiheitlichen für rund drei Jahrzehnte in Stein meißeln.

Erst Jahrzehnte später wagten sich schrittweise und stets mit einem Blick auf die kommenden Wahlen und die sich daran anschließenden Koalitionsverhandlungen diverse Politiker aus der Deckung und versuchten auf unterschiedliche Art eine Annäherung an die FPÖ. Alfred Gusenbauer tat dies 2003 Spargel essend mit Jörg Haider, Hans Niessl, indem er im Burgenland eine Koalition mit der FPÖ einging und der spätere Verteidigungs- und Sportminister Hans Peter Doskozil durch realpolitische Handlungen, wie Beobachter meinten.

Journalist Peter Rabl beurteilte das politische Lebenswerk Vranitzkys abseits dessen Einstellung zur FPÖ so:

„Ein sehr anständiger und überzeugter EU-Befürworter und sein großer Verdienst war, die SPÖ auf dieser Reise in die EU mitgenommen zu haben."

Rabl weiter: „Und er war ein toller Repräsentant Österreichs, als das Land in Zeiten von Bundespräsident Kurt Waldheim international isoliert war. Auf der anderen Seite war er zu wenig damit beschäftigt, auch die Probleme der Republik zu lösen."

Nach dem Ausscheiden aus der österreichischen Politik wurde Vranitzky zunächst von März bis Oktober 1997 OSZE-Sonderbeauftragter für Albanien. Danach kehrte Vranitzky wieder ins Bankwesen zurück und wurde politischer Konsulent der WestLB, einer internationalen Bank mit Sitz in Düsseldorf.

Im Dezember 2007 wurde Vranitzky schließlich Aufsichtsratsmitglied bei einem internationalen Konzern, dem ein Mann vorstand, der Jahre später auch noch ein Stück österreichischer Innenpolitikgeschichte schreiben sollte: Frank Stronach.

Helmut Zilk:

1927 in Wien geboren, legte Helmut Zilk wohl eine der schillerndsten und prägendsten SPÖ-Karrieren hin. Helmut Zilk wurde als Sohn eines Zeitungsangestellten in Favoriten geboren. Zum liberalen Vater hatte er ein sehr gutes Verhältnis. Dieser wandte sich früh gegen den Nationalsozialismus. 1964 wurde aufgrund einer Initiative parteiunabhängiger Zeitungsherausgeber unter Führung von Hugo Portisch das Rundfunkvolksbegehren durchgeführt, das zunächst parlamentarisch erfolglos blieb. Im Juli 1966 beschloss die frisch gewählte ÖVP-Alleinregierung unter Josef Klaus die mit 1. Jänner 1967 in Kraft getretene Rundfunkreform. Gerd Bacher, der neue Generalintendant des ORF, machte Zilk zum Fernsehdirektor. In dieser Funktion begründete Zilk das Schulfernsehen, die Sendungen „In eigener Sache", das „Auslandsecho" und das zweite Fernsehprogramm.

Am 14. Februar 1979 holte Leopold Gratz Helmut Zilk als Stadtrat für Kultur und Bürgerdienst ins Wiener Rathaus.

Als die SPÖ bei der Nationalratswahl 1983 die absolute Mehrheit verlor und eine neue Bundesregierung aus SPÖ und FPÖ gebildet wurde, folgte Helmut Zilk Sinowatz, der Bundeskanzler wurde, als

Bundesminister für Unterricht und Kunst nach. In dieser Funktion berief Zilk Claus Paymann zum Direktor des Burgtheaters.

Im September 1984 war Zilk auf Vorschlag des amtsmüden Leopold Gratz zum Wiener Bürgermeister aufgestiegen. Am 5. Dezember 1993 wurde Zilk bei einem Briefbombenattentat durch Franz Fuchs an der linken Hand schwer verletzt. Fuchs sah Zilk als Symbol des multikulturellen, weltoffenen Wiens.

Bei dem Briefbombenattentat verlor er zwei Finger seiner linken Hand. Diese war danach meist in einer Hülle verborgen.

. . .

30 Menschen. 30 Köpfe. 30 ganz unterschiedliche Charaktere und jede(r) drückte der SPÖ in gewisser Form einen Stempel auf. Einen Stempel, der nicht so schnell verblassen wird. Teils zur Freude, teil zum Leidwesen der SPÖ.

Ohne Netzwerk wäre die SPÖ nicht die SPÖ

Auf welche Institutionen die Sozialdemokraten immer zählen können

Die Partner, Helfer und Netzwerke der SPÖ

Jetzt kennen wir also einige Big Player der SPÖ. Doch Einzelkämpfer haben in der Politik meist ein rasches Ablaufdatum. Also gilt es, Menschen um sich zu scharen, Institutionen, Partner und eben jene, die schnell da sind, wenn man sie dringend braucht. Im Wortschatz erfolgreicher Manager nennt man das Netzwerke bzw. Partner- und Vorfeldorganisationen. Auch die SPÖ hat ein stattliches Netzwerk rund um die Partei aufbauen lassen. Nun, wie funktioniert so eine Partei eigentlich abgesehen von ihren Netzwerken?

Das erklärt die SPÖ den BürgerInnen dieses Landes auf ihrer Website unter dem Link „SPÖ/Partei“ und der Bezeichnung „Organisationsstruktur“.

Die SPÖ verfügt nach Eigenangaben über eine breite Basis von 3589 Ortsorganisationen, über 114 Bezirksorganisationen, dazu 9 Landesorganisationen. Über allem thront irgendwie der Bundesparteivorstand mit seinen 70 Mitgliedern. Zuletzt wurde dieser am Bundesparteitag im Juni 2016 gewählt. 641 Delegierte gaben insgesamt 592 gültige Stimmen ab, was die (aber im Grunde völlig unbedeutende) Frage unbeantwortet lässt, was die anderen 49 zu diesem Zeitpunkt gemacht haben.

Zwei Herren unter diesen 70 schnitten dabei gar nicht gut ab. Norbert Darabos wurde mit nur 84,80 Prozent in den Vorstand gewählt. Noch schlechter schnitt nur Hans Peter Doskozil (82,26 Prozent) ab. Was wohl kaum daran gelegen sein wird, dass beide Herren aus dem Burgenland stammen. Wohl auch nicht daran, dass sowohl Darabos als auch Doskozil in ihrer Polit-Karriere als Verteidigungs- und Sportminister ihren Dienst an der Republik versahen. Die Delegierten werden sich schon was dabei gedacht haben.

Deutlich mehr Zuspruch innerhalb der sozialdemokratischen Familie als Darabos und Doskozil erhielten bei der Wahl in den Bundesparteivorstand Erich Foglar (98,48 Prozent) und Wolfgang Katzian (97,30 Prozent). Erich Foglar und Wolfgang Katzian – zwei Männer mit Macht und enormer Bedeutung für die SPÖ und ihr Netzwerk. Sie entstammen dem ÖGB, genauer gesagt der FSG, der Fraktion Sozialdemokratischer Gewerkschafter. Glaubt man Insidern, ist die FSG eine der wichtigsten Partner der SPÖ.

Foglar, 1955 geboren in Wien, Gewerkschaftsmitglied seit 1971, 2008 aufgestiegen zum Boss des ÖGB als Nachfolger von Rudolf Hundstorfer.

Katzian, 1956 geboren in Stockerau, Präsident des Fußballklubs Austria Wien, FSG-Chef.

Dritter wichtiger Player im Konstrukt der SPÖ anno 2017: Rudolf Kaske. 1955 geboren in Wien, schon Anfang der Siebziger Jugendfunktionär im ÖGB, 2013 zum Präsidenten der Wiener Arbeiterkammer und der Bundesarbeiterkammer aufgestiegen. Ohne die AK (hört man) geht wenig bis gar nichts in der SPÖ (und in Österreich).

Auf der AK-Website ist man auch recht stolz auf diesen Umstand. „Wir reden bei der Gesetzgebung mit", tönt es von dort.

Und: Der Einnahmenbericht von 2016 weist aus, dass *„wir (Anm.: die AK) im Vorjahr 433 Millionen Euro von den Mitgliedern aus AK-Beiträgen erhalten haben."*

Wow – 433 Millionen Euro … Verdammt viel Stoff.

Bleibt zunächst einmal die Frage, warum sich Bundeskanzler Alfred Gusenbauer seinerzeit so darauf versteift hat, ausgerechnet den wichtigen Funktionären von FSG und AK mit dermaßen ausgeprägter – nennen wir es mal – Unfreundlichkeit zu begegnen. Die FSG und AK verfügen über erhebliche Personalreserven und scheinbar auch über viele finanzielle Mittel.

War Gusenbauers Vorstoß gar dem Umstand geschuldet, in erwähnten Institutionen eine gewisse Form der Verkrustung erkannt zu haben?

AK und ÖGB sind von der SPÖ auf jeden Fall in keiner Weise zu trennen. Oder doch?

Hans Jörg Schelling, 2017 Finanzminister aus den Reihen der Österreichischen Volkspartei, wagte im Frühjahr 2017 einen Vorstoß, der für Aufsehen sorgte, indem der davon sprach, dass „die Sozialpartnerschaft tot sei."

Ein Sturm der (roten) Entrüstung war ausgelöst. Und Peter Westenthaler legte noch nach:

„Zweifelsfrei sind AK und ÖGB zu Hemmschuhen für die SPÖ geworden. Deshalb, weil Sie ihre Politik der Überreglementierung nicht zurückfahren. Heute will keiner mehr einen Lehrling einstellen, weil man Angst haben muss, ihn aufgrund völlig veralteter Schutzmechanismen nie wieder loszuwerden. Jetzt bedarf es neuer Initiativen am Arbeitsmarkt, um Arbeitsplätze zu schaffen und nicht ständig neue Schutzmechanismen aufzubauen. Da kommt der Moloch ÖGB einfach nicht mit."

Und zur Ansage von ÖVP-Finanzminister Hans Jörg Schelling, die Sozialpartnerschaft sei tot, merkt Westenthaler an: „Das stimmt leider nicht – ohne Sozialpartner geht in diesem Land nach wie vor gar nichts."

Aus der Ecke der ÖVP, zwischen 2007 und 2017 (und davor auch ein paar Mal) im Koalitionsboot mit der SPÖ, kommt weitere Kritik an der Arbeiterkammer. Vorgetragen vom Nationalratsabgeordneten Reinhold Lopatka:

„Die AK wird ja aus der Lohnsummensteuer finanziert, die ständig stark steigt und ich vertrete die Meinung, dass die AK dadurch zu üppig ausgestattet ist. Mich nicht falsch verstehen, ich bin für eine starke Arbeitervertretung, aber ich bin gegen finanzielle Auswüchse. Die Arbeitnehmer wurden noch nie gefragt, ob sie dieses Pflichtsystem wollen."

Aus der AK wird diesbezüglichen und immer wiederkehrenden Bestrebungen, an den Grundmauern der Arbeiterkammer zu rütteln, immer wieder eine klare Absage erteilt. Rudolf Kaske wurde im Juni 2017 auf ort.at so zitiert:

„ . . . Die Arbeiterkammer werde zudem „in den nächsten Wochen beraten“, ob eine verbindliche Abstimmung der Kammermitglieder über die Pflichtmitgliedschaft „notwendig ist“, sagte Kaske. „Wir werden dann eine Entscheidung treffen. . . “ Aus seiner Sicht (Anm.: Kaske) entspricht die Abschaffung der Pflichtmitgliedschaft „Wunschträumen von Neoliberalen und Rechtspopulisten“. In Wirklichkeit stünden die Mitglieder zur Kammer. „Auch was den Mitgliedsbeitrag betrifft, sehen das vier von fünf Mitgliedern als positiv . . .“

Klingt nicht wirklich nach starkem Veränderungsdrang.

Markt- und Meinungsforscher Peter Hajek eilt der Existenzberechtigung von AK und ÖGB zunächst einmal zu Hilfe: „Die Arbeiterkammer bietet ein tolles Service und leistet einen tollen Job. Daher sehe ich hier durchaus eine Berechtigung. Jetzt steht sie halt vor der Herausforderung, sich den starken Veränderungen der Arbeitswelt anpassen zu müssen.“

Kritischer Nachsatz von Hajek über die AK: „Leider haben auch manche Einzelfälle in der Vergangenheit, die den Menschen in Erinnerung geblieben sind, dem Image der AK geschadet.“

Vor einer ähnlichen Herausforderung wie die AK stehe, so Hajek, auch der ÖGB. Auch hier sehe er die Aufgabe, sich fit für die Zukunft zu machen. Das war auch schon um die Jahreswende 1888 auf 1889 nicht anders. Im Rahmen des Gründungsparteitages der Sozialdemokraten in Hainfeld hieß es unter anderem:

. . . „Die Arbeiterkammer erteilt Zeugnisse über das Bestehen von Arbeitsbräuchen, über vorgelegte Arbeitsmuster.“

„Die Arbeiterkammer urteilt als Schiedsgericht über Arbeitsverhältnisse, wenn die Beteiligten das Übereinkommen geschlossen haben, in Streitfällen nicht einen gewöhnlichen Prozess zu führen, sondern dieselben durch Schiedsmänner austragen zu lassen.“

Klang schon damals nach recht viel Macht (für die Männer).

Dass AK und FSG auch eine „erhebliche Personal- und Mobilisierungsreserve in Wahlkämpfen für die SPÖ darstellen“, meint nicht nur eine bekannte Journalistin aus Wien.

Arbeiterkammer und (rote) Gewerkschaft sind also zweifelsfrei eine Art Rückgrat für die SPÖ. Aber bei weitem nicht alleine dafür verantwortlich, wenn es aus der Sicht der Partei darum geht, sich auf Partner verlassen zu können. Von internationalen Vernetzungen wie jener mit der „Progressiven Allianz“, dem 2013 in Leipzig gegründeten Netzwerk sozialdemokratischer, sozialistischer und progressiver Parteien und Gewerkschaften, ganz abgesehen.

Rund 20 Institutionen findet man auf österreichischer Bühne im Internet, wenn man sich auf die Suche nach Vorfeldorganisationen und Partnern der Partei macht.

Das reicht von der Aktion kritischer Schülerinnen und Schüler, über ARBÖ (Autofahrerklub), und ASKÖ (Sport-Dachverband) bis zu den Kinderfreunden und Pensionistenverbänden. Vor allem das Thema Pensionisten war und ist der SPÖ immer ein Herzensanliegen. Auch und vor allem im Kampf um Wählerstimmen. Dementsprechend offensiv tritt auch der PVÖ, 1949 in Wien-Ottakring gegründet, „seinen Pensionisten“ gegenüber. Via Website verkündet man stolz:

394.000 Mitglieder.
1742 Ortsgruppen.
685 Klubs.

Und eben diese Klubs rufen auch gleich wieder die politischen Mitbewerber auf den Plan.

In der nicht in Rosa, sondern in Knallrot gehaltenen NEOS-Broschüre: „FIFTY SHADES OF RED – 50 Gründe für Veränderung" finden die Wiener NEOS schon im Vorwort klare Worte. Beate Meinl-Reisinger schreibt dort wörtlich:

„Wien ist eine großartige Stadt. Aber nach Jahrzehnten in der Regierung hat die SPÖ ein Geflecht von struktureller Korruption, von Abhängigkeiten und „guten Freundschaften" geschaffen."

Und unter Punkt 17 auf Seite 12 schießen sich die NEOS dann eben auf die für das Netzwerk so wichtigen PensionistInnenklubs ein.

Wörtlich heißt es in der Broschüre:

„Laut Recherche der Zeitung „Die Presse" befinden sich 50 der 132 Wiener Pensionist_innenklubs in einer Wohngemeinschaft mit SPÖ-Parteilokalen. Sie sind dort Untermieter und tragen einen großen Teil der Mietkosten, die eigentlich von den SP-Bezirksorganisationen zu tragen wären (tw. 10 von 12 Monatsmieten). Die Steuerzahler_innen subventionieren so also die SPÖ-Bezirke mit mehreren Hunderttausend Euro pro Jahr. Und die Besucher_innen erhalten eine öffentliche Leistung in einem roten Parteilokal – ein Sinnbild für eine Partei, die glaubt, die Stadt gehöre ihr."

Dass die Pensionisten (als ganz starke Wählergruppe) ständig im Fokus der Parteien (und damit auch der SPÖ) stehen, scheint ja irgendwo nachvollziehbar.

Dass der SPÖ aber offenbar auch FPÖ, Grüne, ÖVP oder NEOS wählende Fischer nicht so willkommen sind wie SPÖ-Fischer, überrascht dann doch etwas. Schaut man bei Wikipedia unter SPÖ-Vorfeldorganisationen nach, findet man aber tatsächlich den „Verband der Arbeiter-Fischervereine Österreichs (VAFVÖ)".

Unter www.fischundwasser.at wird man im Jahr 2017 auch rasch zum (von zwei männlichen Vizepräsidenten unterstützten) Präsidenten des Vorstandes, Dr. Günther Kräuter, geleitet. Dr. Kräuter war (2008) Bundesgeschäftsführer der SPÖ, danach Volksanwalt. Und jetzt soll er eben als weltanschaulich fest verankerter Oberfischer ganz dicke Fische für die Partei an Land ziehen. Oder so ähnlich.

Ganz andere dicke Fische sind da schon im Sozialdemokratischen Wirtschaftsverband, in der Wien-Holding oder bei der ASKÖ im Wasser.

Oder beim VWA. VWA?

Nicht vielen ÖsterreicherInnen wird diese Institution ein Begriff sein. Hinter dem Kürzel verbirgt sich der Verband der Wiener Arbeiterheime und dort blüht (nach Ansicht der Wiener NEOS) das Netzwerk der (Wiener) SPÖ in Reinkultur. In der bereits erwähnten Broschüre „Fifty Shades of Red" führen die NEOS aus:

„ . . . Heute verbirgt sich hinter dem VWA eine mächtige politische Holdinggesellschaft in den Bereichen Liegenschaften, Immobilien, Verlage und Agenturen. Helmut Laska, Gatte der langjährigen SPÖ-Vizebürgermeisterin, ist seit 1995 Geschäftsführer des Verbands Wiener Arbeiterheime und der Unterholding A.W.H. Beteiligungs GmbH. Weitere gute Bekannte aus der SPÖ im AWH-Vorstand: Karl Lacina, Nationalratsabgeordnete Angel Lueger und Gemeinderatsabgeordnete Nicole Berger-Krotsch. Die A.W.H. Beteiligungsgesellschaft hält unter anderem die Sozialbau AG mit knapp 18 Prozent . . . Die Sozialbau AG ist überdies im Eigentum der SPÖ, SPÖ Wien und mehrerer Wohnungsgenossenschaften . . . Somit liegen zahlreiche Unternehmen . . . im Einflussbereich der SPÖ Wien."

Liest sich recht unübersichtlich, aber einträglich.

Nochmal kurz zurück zur ASKÖ. Die ASKÖ (Arbeitsgemeinschaft für Sport und Körperkultur) wird offiziell nicht mehr als Vorfeldorganisation der SPÖ eingestuft und kann zumindest für sich in Anspruch nehmen, mit den Protagonisten Hermann Krist (Präsident) und Michael Maurer (Generalsekretär) zwei Männer mit tatsächlich hoher Sportaffinität an Bord zu haben. Im Zuge einer groß aufkeimenden Debatte zur Spendenoffenlegung im Rahmen des Transparenzgesetzes vollzog die ASKÖ vor Jahren sogar die offizielle „Scheidung" von der SPÖ, um Vereine und Mitglieder zu schützen, wie es offiziell hieß. Lieb hat man sich noch immer.

Was nicht immer der Fall ist, wenn SPÖ-Granden und SPÖ-Granden aufeinanderprallen bzw. die Scheidung einreichen.

Das ist wahre Brutalität

Wenn die SPÖ mit der SPÖ im Clinch liegt, dann denken viele noch immer an Helmut Qualtinger

SPÖ vs. SPÖ

Die mehr als 125-jährige Geschichte der österreichischen Sozialdemokratie liest sich an manchen Stellen wie ein (teilweise höchst erfolgreicher) Akt der Selbstzerstörung

Helmut Qualtinger? Sagt Ihnen noch etwas?

1928 geboren, Wiener Original. Schauspieler, Schriftsteller, Kabarettist. Schlichtweg legendär.

Wie auch einer seiner Sprüche: „Simmering gegen Kapfenberg – des nenn I' Brutalität." Nun ja, tatsächlich geriet ein Fußballspiel der beiden Mannschaften im Oktober 1956 etwas aus den Ufern und Helmut Qualtinger, seinerzeit unter den rund 4.500 Zuschauern auf der Simmeringer Had', prägte in Anlehnung an diesen Kick damals den legendären Satz von der Brutalität. 2017, mehr als drei Jahrzehnte nach dem Ableben Qualtingers hätte und hat das Duell zwischen Simmering und Kapfenberg immer noch höchste Aktualität. Zwar weniger auf den großen Fußballplätzen dieses Landes, sehr wohl aber auf der Bühne der Politik.

Simmering, 2015 bei den Wiener Wahlen von der SPÖ an die FPÖ vergeigt, auf der einen und das anhaltend tiefrote Kapfenberg auf der anderen Seite – hat doch was, oder? Aber alles nur ein schlapper Kindernachmittag im Vergleich dazu, was sich so abspielt, wenn SPÖler auf SPÖler losgelassen werden. Aber so richtig. Da würde selbst dem wortgewaltigen Helmut Qualtinger die Spucke wegbleiben. Innerparteiliche Konflikte prägen das Bild der SPÖ seit Jahrzehnten und selbst in Zeiten, in denen aus Sicht der Partei alles so locker und lässig ablief, hatten es so manche Auseinandersetzungen oft in sich.

Der erste so richtig deftige SPÖ-interne Knatsch liegt Jahrzehnte zurück. Für viele junge Menschen in diesem Land fast unerreichbar lange und selbst bei älteren und politisch interessierten Bürgern verblasst die Erinnerung an die „Olah-Affäre“ schon etwas. Legendär war sie allemal, stellte sie doch in gewisser Weise eine Art Startschuss für all die Matches dar, die fortan die SPÖ-Familie in immer wiederkehrender Art einholen und spalten sollten. Wir schreiben das Jahr 1964. Die große Zeit der SPÖ-Wahlsiege unter Bruno Kreisky war noch nicht gekommen und seit der Wahl 1962 mit dem Spitzenkandidaten Bruno Pittermann war die Partei nur Österreichs zweitstärkste Kraft in Österreich, hinter der von Alfons Gorbach geführten ÖVP. Also war die Vereinigung der Sozialisten in erster Linie mit sich selbst beschäftigt. Auch und vor allem wegen Franz Olah.

Als Innenminister und ÖGB-Chef war Franz Olah phasenweise höchst populär und strebte SPÖ-intern stets nach höheren Weihen wie man ihm nachsagte. 1959 gab Olah der Kronen Zeitung mit Gewerkschaftsgeldern geheime finanzielle Starthilfe und empfahl dem Gründer Hans Dichand zunächst seinen Freund, den Großkaufmann Ferdinand Karpik, dann den Werbefachmann Kurt Falk als Partner.

In dieser Zeit hatten sogenannte „unabhängige“ Zeitungen die Parteiblätter Volksblatt (ÖVP), Arbeiter-Zeitung (SPÖ) und Volksstimme (KPÖ) in der Verbreitung bereits weit überholt. „Unabhängig“ bedeutete damals aber allzu oft SPÖ-kritisch. Olah trachtete danach, mit seiner Starthilfe ein SPÖ-freundliches Massenblatt zu ermöglichen.

Ähnlich und aus den gleichen Motiven ging er bei der Finanzierung der Tageszeitung Express vor. In dieser Causa wurde er 1969, nachdem er bei seiner Partei in Ungnade gefallen war, wegen widmungswidriger und eigenmächtiger Verwendung von Gewerkschaftsgeldern auch zu einer einjährigen Haftstrafe verurteilt. 1964 kam Franz Olah unter starke innerparteiliche Kritik. Grund dafür war eine Finanzspritze in der Höhe von einer Million Schilling an die FPÖ. Auch dieses Geld stammte wieder einmal aus Gewerkschaftskassen. Es wurde dann vermutet, dass Olah damit die Weichen in Richtung einer kleinen Koalition zwischen SPÖ und FPÖ stellen wollte. Die Mehrheit in der SPÖ trug diese Linie jedoch nicht mit. Ihr schien Olah zu sehr auf persönliche Macht bedacht.

Unter anderem meinte Parteigenosse Christian Broda, Olah wolle die SPÖ zu einer „Führerpartei“ machen. Man verdächtigte den Innenminister auch, mit Geheimakten politische Gegner zu zerpflücken. Auf alle tatsächlichen und vermuteten Geheimaktionen Olahs reagierte die SPÖ mit dem Ausschluss, obwohl Olah viele Anhänger hatte, die vor der Parteizentrale für ihn demonstrierten. Half alles nichts mehr.

Als formaler Grund für den Parteiausschluss wurde die „Mitarbeit an nichtsozialistischen Presserzeugnissen“ genannt.

Nach dem Ausschluss aus der SPÖ gründete Franz Olah 1965 die Demokratische Fortschrittliche Partei (DFP). Diese rechtspopulistische Partei erhielt bei der Nationalratswahl 1966 knapp mehr als drei Prozent, verpasste aber den Einzug ins österreichische Parlament. Der Schaden für die SPÖ war dennoch groß.

Das Antreten der neuen Partei von Olah war entscheidend für die absolute Mandatsmehrheit der ÖVP bei einem Wählerstimmenanteil von lediglich 48,35 Prozent. Die Olah-Stimmen dürften auch größtenteils von bisherigen SPÖ-Wählern gekommen sein und besiegelten derart die Niederlage der SPÖ.

Die endgültige Versöhnung zwischen Olah und der SPÖ vollzog sich erst Jahrzehnte später. Konkret im Jahr 2005. Da ehrte ihn Bundespräsident Heinz Fischer (ausgerechnet auf Vorschlag von ÖVP-Kanzler Wolfgang Schüssel) mit dem Ehrenzeichen für Verdienste um die Republik Österreich. 2008 ehrte ihn die Stadt Wien. 2009 verstarb Franz Olah. Das Eis war also gebrochen. Der Beweis war erbracht, dass die SPÖ sich nicht immer nur mit anderen Parteien messen muss, es geht auch (zum Nutzen der politischen Mitbewerber und zum Gaudium der Medien) bei SPÖ vs. SPÖ mitunter recht unterhaltsam zu. Beziehungsweise brutal.

Wie zum Beispiel auch 1974.

Ausgerechnet zwischen Bruno Kreisky und Hannes Androsch, den viele als politischen Ziehsohn Kreiskys sahen, sollte sich ein Konflikt hochspielen, der nicht nur die Parteizentrale in der Löwelstraße erbeben ließ. Den ersten Riss erlebte die Beziehung der beiden scheinbar populären und unanfechtbaren Politiker in der Nachfolgefrage des 1974 verstorbenen Bundespräsidenten Franz Jonas.

Zahlreiche SPÖ-Spitzenpolitiker, darunter ÖGB-Präsident Anton Benya, Justizminister Christian Broda, der Wiener Bürgermeister Leopold Gratz und eben auch Hannes Androsch, sahen in Kreisky den idealen Nachfolger für Franz Jonas in der Hofburg.

Kreisky reagierte mit voller Ablehnung und sah hinter dieser Initiative den Versuch, ihn wegzuloben – de facto zu entmachten.

Obwohl das Verhältnis zwischen Kreisky und Androsch nach diesem Ansinnen noch halbwegs intakt war, kühlte in weiterer Folge die Beziehung stark ab. Am 13. Dezember 1974 wurde Androsch anlässlich einer „dringlichen Anfrage" im Parlament von der ÖVP heftig attackiert und Bruno Kreisky beantwortete die Journalistenfrage, ob er noch hinter seinem Finanzminister stehen würde, so: „Ich stehe neben ihm."

Für Androsch war klar: Er hatte die Rückendeckung von Kreisky verloren. Dennoch wagten sich weder Kreisky noch Androsch damals in einen offenen Konflikt. Noch nicht. Kreisky schien ohnedies unangreifbar und Androsch (irgendwann) als sein logischer Nachfolger. Doch Kreisky hatte sich in die Wade von Androsch verbissen und wartete geduldig auf eine sich bietende Gelegenheit, zuzuschlagen. Diese bot sich Ende der 1970er-Jahre. Kreisky warf Androsch Unvereinbarkeit seiner politischen Tätigkeit mit seiner Steuerberatungskanzlei vor und ließ Androsch um die Jahreswende 1980/1981 über die Klinge springen.

Journalist Peter Rabl erinnert sich noch gut an die SPÖ-interne Auseinandersetzung von damals und bringt eine weitere hochinteressante Facette des Streits ein:

„Zum einen war da die persönliche Enttäuschung des Bruno Kreisky, der in Hannes Androsch eine Art Ziehsohn sah und Androsch in Kreisky nicht den Ziehvater. Und zum anderen war es auch eine sachpolitische Auseinandersetzung darüber, ob man den Schilling stärker an die Deutsche Mark binden soll. Kreisky wollte das überhaupt nicht, aber Androsch hat sich damals gemeinsam mit Anton Benya durchgesetzt."

Peter Rabl weiter: „Dazu kam eine Portion an Neid, weil sich der Großbürger Kreisky zwar seine schönen Anzüge leisten, aber eben keine Villa kaufen konnte und Hannes Androsch seinen steigenden Luxus ostentativ zur Schau stellte. Als dann Androsch Kreisky auch noch schmackhaft machen wollte, als Bundespräsident zu kandidieren und Kreisky das überhaupt nicht wollte, ist aus alledem eine extrem explosive Mischung geworden, die halt eskaliert ist."

Zum ersten Mal in der Nachkriegszeit trugen also die Nummer eins innerhalb der SPÖ (Bruno Kreisky) und die Nummer zwei in der SPÖ (Hannes Androsch) einen Fight auf offener Bühne aus.

Der Schaden für die SPÖ aus diesem Theater in Rot hielt sich freilich noch in Grenzen. Zwar verloren Kreisky und Genossen bei der nächsten Wahl 1983 die absolute Mehrheit, die SPÖ blieb aber mit immer noch stattlichen 47,65 Prozent die Nummer eins im Land vor der ÖVP unter Alois Mock (43,22 Prozent).

Das Jahr 1982 ist vor allem noch so manchen Fußballfans in lebhafter Erinnerung. Bei der Weltmeisterschaft in Frankreich traf Österreich im letzten Gruppenspiel in Gijon auf Deutschland im Wissen, dass ein 1:0-Sieg Deutschlands sowohl Österreich als auch Deutschland in die nächste Runde bringen sollte.

Österreich verlor auf (gelinde gesagt) abenteuerliche Art tatsächlich 0:1 und das Spiel ging als sogenannter Nichtangriffspakt in die Fußball-Annalen ein. Deutschland und Österreich hatten ihr Wunschresultat und jede Menge an wütenden Fußballfans aus aller Welt gegen sich.

Für die Variante, mit einem Nichtangriffspakt auch ans Ziel kommen zu können, entschieden sich zwei namhafte SPÖ-Politiker im Jahr besagter Fußball-WM nicht.

Auf der einen Seite Josef Cap (30), aufstrebend, (im positiven und dynamischen Sinn) rotzfrech und Vorsitzender der Sozialistischen Jugend. Auf der anderen Seite Theodor Kery (64), Landeshauptmann von Burgenland, weniger aufstrebend und nicht rotzfrech. Oder doch?

Am Parteitag der SPÖ am 28. Oktober 1982 wandte sich Josef Cap an Theodor Kery bzw. gegen Theodor Kery und stellte ihm drei Fragen:

„Stimmt es, dass Du mehr verdienst als der Bundeskanzler?"

„Stimmt es, dass Du als Aufsichtsratsvorsitzender verbilligten Strom der BEWAG (Anm.: Burgenländische Elektrizitätswerke AG) beziehst?"

„Ist es wahr, dass Du in deiner Freizeit mit Maschinenpistolen schießt?"

Diese Rede Josef Caps ging als die *„drei Fragen"* in die politische Geschichte Österreichs ein.

Der Redner wurde direkt im Anschluss aus dem Parteivorstand der SPÖ abgewählt.

In einem Radiointerview am 30. Oktober beantwortete Theodor Kery diese drei Fragen mit etwas Verspätung wie folgt:

1. Er verdiene etwa 95.000 Schilling.
2. Er beziehe verbilligten Strom.
3. Er habe in seinem Keller einen Schießstand, auf dem er mit einem Kleinkalibergewehr das Sportschießen pflege.

Wieder hatte es die SPÖ geschafft, diesmal fast im wahrsten Sinn des Wortes, scharf auf sich selbst zu schießen. Nachhaltig geschadet hat all das Josef Cap freilich nicht. Von 2007 bis 2013 war er Klubobmann der SPÖ im Hohen Haus. Und selbst politisch Andersdenkende attestierten Cap, stets ein unterhaltsamer und – wie manche meinen – brillanter Redner zu sein.

Fast schon niedlich mutete im Vergleich zu alledem die Auseinandersetzung an, die sich ein gewisser Hans-Peter Martin mit der SPÖ liefern sollte. Hans-Peter Martin, Journalist, Sachbuchautor und in gewisser Weise von vielen auch als eine Art Vordenker gesehen, erlangte 1996 mit dem Sachbuch-Bestseller „*Die Globalisierungsfalle*“ ein hohes Maß an Berühmtheit. Was die SPÖ zu ihren Gunsten zu nutzen trachtete. Aufgrund seiner Bekanntheit als EU- und Globalisierungskritiker ernannte die Sozialdemokratische Partei Österreichs Martin für die Europawahl 1999 als parteilosen Spitzenkandidaten, worauf Martin ins EU-Parlament einzog. Er trat der SPÖ aber auch danach nicht bei und verließ bald nach Meinungsverschiedenheiten die SPE-Fraktion (Europäische Sozialdemokraten).

Bei der Europawahl 2004 kandidierte Hans-Peter Martin ganz und gar zum Leidwesen der SPÖ für die von ihm dafür neu gegründete Liste Dr. Martin und holte gleich 14,04 Prozent. So richtig dicke Freunde wurden die SPÖ und Hans-Peter Martin fortan nicht mehr.

Sieben Jahre später und schon wieder knarrte es im Gebälk.

Diesmal im Ring: Gusenbauer, Alfred Gusenbauer und der SPÖ-Flügel des Österreichischen Gewerkschaftsbundes (ÖGB), der mächtige lange Arm der Sozialdemokraten. 2006: Wir befinden uns beim lustigen Wiener Donauinselfest. Jene Veranstaltung, die Österreicher, Gäste, Musikfans, trinkfeste Buben und Mädels wie auch SPÖ-Politiker anzieht wie feuchtwarmes Wetter Gelsen. Eine Paradeveranstaltung der SPÖ. Wenngleich 2006 doch etwas unentspannter war als in all den Jahren davor und das hatte wahrlich rein gar nichts damit zu tun, dass in Österreich im Jahr 2006 nur 36.923 Eheschließungen stattgefunden haben. Vielmehr schon eher, dass da eben eine Scheidung stattgefunden hatte.

Der SPÖ-Vorsitzende Alfred Gusenbauer ließ sich auf abenteuerliche Weise von seinen roten Gewerkschaftern scheiden, die er offenbar immer mehr als Bremser in Österreich wahrnahm. Also verteilte die rote Gewerkschaftsjugend am roten Inselfest des Jahres 2006 eben Buttons mit dem Slogan „*SPÖ trotz Gusenbauer*“, der die Stimmung an der Gewerkschaftsbasis wohl am besten widerspiegelte. Zwischen der Parteiführung unter Gusenbauer und den Gewerkschaftern war auf offener Bühne ein Kampf entbrannt. Seit Alfred Gusenbauer die Verbannung der Spitzengewerkschafter aus dem Parlament forderte, wurden die Grabenkämpfe zwischen Gusenbauer und den Seinen auf der einen Seite und den roten Arbeitnehmervertretern auf der anderen Seite heftiger und heftiger.

Der Beschluss des Parteipräsidiums, wonach ÖGB-Präsident und Teilgewerkschaftschefs künftig nicht mehr für die SPÖ im Nationalrat sitzen sollten, ließ die Emotionen hochgehen.

„Alle Räder stehen still, wenn dein starker Arm es will" – mit diesem Zitat aus einem 1863 in Deutschland entstandenen Lied erinnern Gewerkschafter bis heute gerne an die vermeintlich nicht enden wollende Macht der Gewerkschaft. Und ebendiese richtete sich nun gegen SPÖ-Chef Alfred Gusenbauer. Das Ende der Geschichte ist bekannt. Gusenbauer ist nicht mehr Bundeskanzler (darüber nur bedingt traurig) und die Machtfülle der (roten) Gewerkschaft(er) scheint inzwischen auch schon ein wenig in die Jahre gekommen.

Was aber nicht heißt, dass man sich innerhalb der SPÖ nicht nach wie vor vortrefflich gegenseitig in die Haare kriegen kann.

Wiewohl das Match, das sich für den 1. Mai 2016 ankündigen sollte ein ganz und gar ungleiches werden sollte. Alle gegen einen. Oder, sagen wir lieber so, viele, sehr viele gegen Einen. Die Vielen, repräsentiert durch SPÖ-Anhänger, die wie jedes Jahr zum Wiener Rathaus pilgerten, um ein paar Politikern und Funktionären beim Winken mit roten Tüchern zuzusehen. Der Eine: Werner Faymann, seines Zeichens Bundeskanzler und SPÖ-Vorsitzender.

Der war durch das verheerende Ergebnis seines SPÖ-Wunschkandidaten im ersten Durchgang der Bundespräsidentenwahl 2016 extrem geschwächt.

Dazu der Umstand, als Führungspersönlichkeit innerhalb der SPÖ auch schon etwas in die Jahre gekommen zu sein und medial immer öfter kräftig abgewatscht zu werden.

Ja, das ergab die Melange aus der die gellenden Pfeifkonzerte sind und selbst die Kalmierungsversuche des Wiener Bürgermeisters Michael Häupl halfen da nichts mehr. Die SPÖ-Basis war böse, bitterböse. Und wollte das an diesem 1. Mai 2016 eben auch kundtun.

Am 9. Mai, nur fünf Tage nach seinem 56. Geburtstag, trat Werner Faymann entnervt von allen politischen Ämtern zurück. Sportkommentatoren könnten das in einem Matchbericht so zusammenfassen:

Volk 1, Faymann 0.

Aus und vorbei – ein SPÖ-Bundeskanzler wurde von seiner eigenen Basis aus dem Amt gepfiffen.

Zu einem wahren Seuchenjahr verkam aus der Sicht von harmoniebedürftigen Sozialdemokraten auch das Jahr 2017. Einmal berichteten Medien über SPÖ-interne Handgemenge im Bundeskanzleramt, dann ging mitten im Nationalratswahlkampf Kampagnenchef Stefan Sengl von Bord und zu allem Überdruss wurde auch ein Konflikt in der steirischen SPÖ bekannt, wonach die steirische Nationalratsabgeordnete Elisabeth Hakel ihrer eigenen Landesorganisation angeblich 49.000 Euro schulde. Wickel ohne Ende made by SPÖ.

Aber alles auch irgendwie nur halb so schlimm im Vergleich zu den wahren Großbaustellen innerhalb der österreichischen Sozialdemokratie.

Die Baustelle Wien zum Beispiel. Irgendwie geriet die Festung Michael Häupl ab 2016 immer mehr ins Wanken. Weniger hatte er damit zu kämpfen, ständig Attacken aus den Lagern der politischen

Mitbewerber abwehren zu müssen, vielmehr setzten ihm die Genossen in der eigenen Landesgruppe zu. Und wie.

Zum einen drangen immer öfter Wien-interne Personaldebatten nach außen und zum anderen ging es wieder einmal um die parteiinterne Linie im Umgang mit der FPÖ. Ein Match, das in der Wiener SPÖ keinen Platz für Sieger ließ .

Der Showdown folgte am 29. April 2017 beim Parteitag der Wiener SPÖ. Der begann schon damit, dass SPÖ-Bundeskanzler Christian Kern von der eigenen Parteijugend recht unfreundlich und mit dem Slogan „Christian, Vorsitzender welcher Partei bist Du eigentlich?" empfangen wurde und gipfelte in einem bis dato beispiellosen Wahl-Desaster für die nahezu gesamte Parteispitze der Wiener SPÖ.

Michael Häupl, 2015 beim Parteitag noch mit der Macht von 95,8 Prozent der Wiener Delegierten ausgestattet, plumpste auf 77,4 Prozent. Zur Verdeutlichung: 22,6 Prozent seiner eigenen Landesparteidelegierten standen nicht mehr hinter jenem Mann, der in den Jahren seines politischen Wirkens stets wie ein Fels in allen Brandungen gestanden war. Jetzt abgewatscht von den eigenen Genossen und – Innen. Aber es geht noch schlimmer.

Wohnbaustadtrat Michael Ludwig, über Jahre irgendwie von vielen als logischer Nachfolger Häupls gehandelt, wurde auf 67,8 Prozent zurechtgestutzt.

Renate Brauner, Finanzstadträtin und ebenfalls von vielen (wenngleich anderen) als logische Nachfolgerin von Michael Häupl gesehen, konnte gar nur 67,5 Prozent der Delegierten hinter sich versammeln.

Was von diesem Parteitag der Wiener SPÖ, die stets als Rückgrat der Bundes-SPÖ eingestuft wurde, in der Öffentlichkeit blieb, war also ein Blutbad in Rot. Ein parteiinternes Desaster. Und manchen blieb angesichts der verheerenden Selbstverprügelung nur mehr die Flucht in die Selbstironie. „Das ist kein sowjetisches Ergebnis", kommentierte es etwa der Nationalratsabgeordnete Kai Jan Krainer in Anlehnung an die seinerzeitigen KPdSU-Abstimmungsergebnisse im Moskau des 20. Jahrhunderts.

Noch nicht genug der SPÖ-internen Desaster des Wahljahres 2017. Eine Causa um eine junge dynamische Politikerin rückte immer mehr in den Fokus. Ein Worst-Case-Szenario für die SPÖ. Aber auch hier schön der Reihe nach.

Daniela Holzinger-Vogtenhuber war (und ist) eine Powerfrau. Jung, aufbruchsbereit, mutig, gelegentlich anders. In jedem Fall aber eine deklarierte Sozialdemokratin. Von Jugend an. Dann Gemeinderätin, 2013 bis 2017 für die SPÖ im Nationalrat. Bis zur Desillusionierung. Verärgert, enttäuscht. Zerschellt an der eigenen Partei. An den Strukturen der SPÖ, an einigen Protagonisten der SPÖ. Dabei galt sie doch über viele Jahre als eine, vielleicht sogar die Zukunftshoffnung der Partei. Was Holzinger-Vogtenhuber heute so kommentiert:

„Als Zukunftshoffnung der SPÖ gilt schon fast jeder junge Mensch, der sich als Sozialdemokrat deklariert. So viele gibt es ja davon nicht mehr. Ich habe aber nie viel auf diese Zuschreibungen gegeben. Mir war immer klar, dass jene, die dich wegen einer Sache in den Himmel loben, weil sie zufällig ihrer Agenda entspricht, dich bei der nächsten Gelegenheit fallen lassen, wenn das eben nicht der Fall ist", so der wenig schmeichelhafte Befund der jungen Abgeordneten.

Und weiter: „Ein hysterisches Auf und Ab, das sicher auch Ausdruck der Hilflosigkeit vieler Linker ist, die angesichts des hoffnungslosen Zustands ihrer Parteien SPÖ und Grüne fast fanatisch nach einem Messias suchen. Darum auch die Schwärmereien für Jeremy Corbyn, Justin Trudeau und andere. Aber darauf kann man keine faktenbasierte und lösungsorientierte Politik aufbauen. Die starre Eindimensionalität politisch-ideologischer Bewegungen ist nicht mehr in der Lage, Antworten auf die brennenden Herausforderungen der Zeit zu geben."

Die Entfremdung zwischen der roten Nachwuchshoffnung und den „Ihren" schritt rapide voran. Zu kitten gab es da nichts mehr. Auch ein Versuch von Kanzler Christian Kern, Holzinger-Vogtenhuber doch noch im Lager der SPÖ zu halten, scheiterte.

„Meine Entscheidung, nicht mehr für die SPÖ kandidieren zu wollen, ist aber vielschichtiger begründet und über die letzten Jahre stetig gewachsen. Ich habe einfach erkennen müssen, dass das Reden auf der einen Seite und das Tun auf der anderen Seite bei dieser Partei so weit auseinanderliegen, dass hier kein sinnvoller Spagat möglich ist."

Also war die junge Oberösterreicherin nicht mehr aufzuhalten. Am 29. April 2017 (zu Zeiten als für Außenstehende innerhalb der Grünen zwischen den Parteigranden und einem Mann namens Peter Pilz noch alles eitel Wonne schien) gestaltete Holzinger-Vogtenhuber eine YouTube-Nachricht der spektakulären Art und sagte der SPÖ ein wenig charmant, aber auch bestimmt: Adios. Ende Juli ließ sie sich von Peter Pilz entgegen ihren ursprünglichen Plänen für die Zeit nach dem Hohen Haus überzeugen, seiner neuen Bewegung beizutreten. Für die SPÖ eine Art Kollateralschaden.

Die Entfremdung innerhalb der SPÖ machte auch vor Bundeskanzler Christian Kern anno 2017 nicht Halt. Ein Beispiel: Die innerparteiliche Zerrissenheit in der CETA-Frage.

Zur Erklärung: CETA (übersetzt: Comprehensive Economic and Trade Agreement) soll den Handel mit Waren, Dienstleistungen und Investitionen der EU mit Kanada fördern oder zumindest regeln.

Teile der SPÖ (und andere Parteien) sehen in diesem Abkommen die ultimative Chance für Österreich und Europa. Andere (ab und an höchst offensiv agierende) Teile der SPÖ sehen darin aber eine schwere Attacke auf Österreichs Wirtschaft, auf die Bürger und die Unabhängigkeit.

Für Holzinger-Vogtenhuber stellte sich das so dar: „Wie ist es möglich, dass man eine CETA-Umfrage hochbauscht, um dann die Position der Mitglieder zu ignorieren? Was habe ich als Wählerin von einer Partei zu erwarten, die vorgibt gegen einen 12-Stunden-Arbeitstag zu kämpfen, einige ihrer Kanditatinnen die Einführung eines 12-Stunden-Tages aber ganz oben auf ihrer Agenda haben? In der SPÖ herrscht die absolute Beliebigkeit. Ihre Politik und ihre Öffentlichkeitsarbeit zielen darauf ab, möglichst viele Positionen über die lästige Institution der Wahl zu retten. Und wer unkritisch alles mitträgt was ihm oder ihr vorgesetzt wird, hat gute Chancen mit einem warmen Plätzchen dafür belohnt zu werden.“

Androsch gegen Kreisky, Gusenbauer gegen die Gewerkschaft, Faymann gegen die Basis, Wiener SPÖ gegen Wiener SPÖ . . . Innerparteiliche Befindlichkeitsdivergenzen haben eine jahrzehntelange und höchst brisante, gefährliche Tradition in der Parteigeschichte.

So richtig zur Sache ging und geht es innerhalb der Partei in erster Linie aber immer im Umgang mit der FPÖ. Die Zeiten, in denen die SPÖ recht situationselastisch und entspannt damit umgehen konnte, wenn sich Bruno Kreisky mit Friedrich Peter paarte, wenn sich Fred Sinowatz an Norbert Steger kuschelte – diese Zeiten sind vorbei. Dann kam Jörg Haider und alles war anders.

Die sozialdemokratische Unfähigkeit oder Unwilligkeit mit der Person und den Inhalten des Polit-Talents aus Kärnten umzugehen, mündete in einer Abgrenzungspolitik, die später zum Dogma, zur Ausgrenzungspolitik hochgefahren wurde. Bis zum Gehtnichtmehr. Und bis es eben gar nicht mehr weiterging. Haider ging, Strache kam und die Wahlsiege der SPÖ wurden so selten wie Olympische Sommerspiele, die auch nur alle vier Jahre stattfinden.

Also begann ein interner Nachdenkprozess, ein Spaltungsprozess auf Seiten der österreichischen Sozialdemokratie. Happy End nicht in Sicht.

Auf der einen Seite Hardliner vom Schlage des Wiener Bürgermeisters Michael Häupl, der wohl immer dermaßen allergisch auf die FPÖ reagierte, dass er sich zu Urlaubsbeginn möglicherweise nie zu dem Satz hinreißen hätte lassen: „Jetzt mach' ich blau." Hinter Häupl versammelten sich stets jede Menge VertreterInnen des sogenannten linken Flügels der Partei, der Jugend, der Studenten.

Auf der anderen Seite differenziert denkende Vertreter der Wiener Lokalpolitik, Vertreter aus den Bundesländern außerhalb Wiens, angeführt vom burgenländischen Landeshauptmann Hans Niessl, der in Eisenstadt eine Zweckehe mit der FPÖ einging.

Mittendrin realpolitische Vordenker, die stets mit einem Auge Richtung nächster Wahl schielten und nicht zusehen wollten, wie der SPÖ zunehmend die Koalitionsoptionen abhandenkommen würden.

Ebenfalls mittendrin: Kommende und gehende Parteichefs und ihr stetes Bemühen, die Richtungsstreits innerhalb der Organisation in einem erträglich Maß zu halten.

All das wurde und wird an die Spitze getrieben. Seit 1986, als Jörg Haider innerhalb der Freiheitlichen erfolgreich putschte und die SPÖ in Person von Franz Vranitzky daraufhin die Reißleine zog.

Mehr als drei Jahrzehnte innerparteiliche Auffassungsunterschiede und (wie gesagt) kein Ende in dieser Frage in Sicht.

„Das ist eine unlösbare Frage. Die Mehrheit an der Basis ist der Meinung: Warum nicht mit der FPÖ? Ich orte auch in der mittleren und teilweise in der höheren Funktionärsebene ebenfalls eher ein Ja in diese Richtung, aber da besteht auch weiterhin eine starke Gruppe innerhalb der Partei, für die das ein No-Go bleibt, ich sehe das etwa bei einem Drittel. Der linke Flügel ist kompromisslos und ich denke, wenn man die Partei in eine Koalition mit den Freiheitlichen führen würde, riskiert man den Bruch“, diagnostiziert Journalist Peter Rabl und kommt zur Schlussfolgerung: „Wäre ich SPÖ-Vorsitzender, bliebe mir daher nur eine Option: Nicht mit der FPÖ zu koalieren und notfalls in die Opposition zu gehen.“ Dass der Umgang der SPÖ mit der FPÖ auch eine höchst willkommene Flanke für politische Mitbewerber aufmacht, ist klar. Die reiben sich ob der lösungsoffenen Haltung der Sozialdemokratie die Hände. Wie etwa ÖVP-Routinier Reinhold Lopatka:

„Ich würde mit dem Thema nicht so umgehen, wie das Christian Kern macht. Seine Gattin (von der ich annehme, dass Sie ihm nicht schaden will) ist Gründungsmitglied einer Plattform, die die FPÖ als Regierungspartei verhindern möchte und gleichzeitig öffnet Christian Kern offiziell die Partei in Richtung FPÖ. Das widerspricht dem wichtigsten Grundsatz in der Politik, dem Grundsatz, Vertrauen zu bilden. Wenn man so agiert, verunsichert das die Menschen."

Und Lopatka schiebt noch etwas hinterher:

„Ähnlich ist es ja auch beim Thema CETA gelaufen. Auf der einen Seite unterstützt Christian Kern ein Volksbegehren gegen CETA und auf europäischer Ebene stimmt Kern als Bundeskanzler dem CETA-Abkommen zu. So verhält sich Kern auch in der Frage, wie die SPÖ mit der FPÖ umgehen soll: Die SPÖ ist in dieser Frage weder Fisch noch Fleisch."

Der Eindruck, dass sich nicht nur auf offener Bühne, sondern auch in den Hinterzimmern der SPÖ-Mächtigen zum Thema FPÖ oft wilde Szenen abgespielt haben müssen, verstärkt sich, wenn man mit Daniela Holzinger-Vogtenhuber die Causa anspricht.

Wo steht die mit voller Überzeugung im linken Parteienspektrum stehende Politikerin?

„Ich glaube, dass man dieses Thema nach eingehender Analyse ganz entspannt betrachten kann. So ist für mich klar, dass jede Partei, die in Österreich die Voraussetzungen erfüllt, um bei einer Wahl kandidieren zu können und schlussendlich genug Stimmen erhält, um in den Nationalrat einzuziehen, ein potentieller Koalitionspartner ist. Warum? Ganz einfach, weil die dafür demokratisch festgelegten Minima erfüllt werden und ein relevanter Teil der Bevölkerung sich von dieser Partei vertreten fühlt. Soweit, so demokratisch."

Holzinger-Vogtenhuber begründet weiter: „Weiters geht es in Koalitionsverhandlungen ja nicht darum, eine Fusion zweier Parteien vorzubereiten, sondern lediglich darum, ein gemeinsam umsetzbares Programm zu finden oder eben nicht. Sollte es aus Sicht der SPÖ also möglich sein, mit der FPÖ größere Teile ihres eigenen Programms umsetzen zu können, als das in anderen Konstellationen der Fall wäre, dann liegt Rot-Blau sehr nahe."

Das parlamentarische Frühjahr 2017 zeigte auf offener Bühne und begleitet von lautem medialem Gejohle, dass FPÖ und SPÖ in manchen realpolitischen Fragen ja gar nicht so weit auseinander liegen.

„Nehmen Sie den Fall der Anhebung des Uni-Budgets", erinnert Holzinger-Vogtenhuber, „hier stimmte nur die ÖVP dagegen. Sollte man also auf politische Fortschritte nur deshalb verzichten, weil man die Stimmen der FPÖ dafür bräuchte? Das kann keiner ernsthaft wollen. Zudem sind sich Kritiker einer SPÖ-FPÖ Koalition ohnehin einig, dass es kaum Überschneidungspunkte mit den Freiheitlichen gibt. In logischer Konsequenz würde das auch das Scheitern der Verhandlungen nach sich ziehen. Wozu also die Aufregung? Gut, da gibt es immer noch das Argument, man würde die FPÖ durch ein Ende der Abgrenzung aufwerten und regierungsfähig machen. Angesichts des Kräfteverhältnisses im Parlament und der Meinungsumfragen führt sich dies jedoch selbst ad absurdum. Eine Partei mit 25-30 Prozent der Stimmen wurde bereits vom Wähler regierungsfähig gemacht. Da braucht es die SPÖ nicht dazu."

Die von der SPÖ zur Liste Pilz abgewanderte Jungpolitikerin scheut sich auch nicht, mit der Vranitzky-Doktrin aufzuräumen:

„Den Ausgang fand die Abgrenzung der SPÖ gegenüber der FPÖ bekanntermaßen in der Vranitzky-Doktrin, mit der Aufkündigung der damaligen SPÖ-FPÖ Koalition durch Altkanzler Vranitzky, der damit auf die Wahl Haiders zum FPÖ-Obmann und dem eingeleiteten Rechtsruck der Partei reagierte. Doch warum? Offensichtlichstes Ziel war es, den FPÖ-internen Rückhalt für Haider zu schwächen. Nach dem Motto: „Der Mann steht unserer Regierungsbeteiligung im Weg". Bereits die Nationalratswahlen 1986 erteilten dieser Strategie durch eine Verdoppelung des freiheitlichen Stimmanteils jedoch eine deutliche Abfuhr. Anstatt geschwächt zu werden, konnte sich Haider an der ‚Ausgrenzung' seiner Partei aufbauen und wurde Symbol für all jene, die sich im rot-schwarzen Proporzstaat ebenfalls ausgegrenzt fühlten. Ein Spiel, das nebenbei bemerkt, bis heute fortgeführt wird und mitunter für die Wahlerfolge der Freiheitlichen mitverantwortlich ist."

Die Analyse von Holzinger-Vogtenhuber zur Vranitzky-Doktrin geht noch weiter: „Nachdem die Vranitzky-Doktrin als Werkzeug zur Schwächung der Freiheitlichen also schon bei ihrer Einführung 1986 scheiterte, wurde sie, um das Gesicht zu wahren, weiter aufrechterhalten und zum ersten Mal der Geschichte wurde eine Zwangskoalition mit der ÖVP geschlossen. Was hätte man auch sonst machen sollen? Mit der Haider-FPÖ zu koalieren, die der Grund für die Aufkündigung der Regierung war und nun ihren Stimmanteil verdoppelte? Oder mit den grünen Neulingen eine Minderheitsregierung riskieren? In weiterer Folge erfüllte die Vranitzky-Doktrin nur mehr die Aufgabe der Stärkung des internen Zusammenhalts, stellte ein schwaches Wahlmotiv für orientierungslose Linke dar und war Quell eines reinen Polit-Gewissens für viele Funktionärinnen, die mit der Politik der SPÖ oft nicht einverstanden waren, aber sich sicher sein konnten, auf der moralisch richtigen Seite zu stehen und niemals, wirklich niemals mit der ‚rechtsradikalen FPÖ' zu koalieren." Holzingers realpolitische Schlussbilanz zu diesem Thema: „Und nun, über 30 Jahre nach der Machtübernahme Haiders, sind wir an einem Punkt angelangt, an dem es möglich sein könnte, dass die Freiheitlichen bei Nationalratswahlen vor der SPÖ liegen werden. Den Verantwortlichen ist daher nun klar, dass sie sich raschestmöglich von einer Strategie verabschieden müssen, von der man weiß, dass sie seit 1986 der Rohrkrepierer der Sozialdemokratie ist und Grundlage jeglicher Selbstaufopferung in SPÖ-ÖVP-Zwangskoalitionen darstellt."

Ein SPÖ-FPÖ-Rohrkrepierer-Vermeidungsprogramm ist also das Gebot der Stunde, der Monate, der Jahre und der Zukunft auf Seiten der SPÖ.

Lockerheit ist aber längst einer Verbissenheit der härtesten Sorte gewichen. Immer wieder drohen alteingesessene Rote und Funktionäre mit dem Parteiaustritt, falls sie eines Tages im Bett mit der FPÖ aufwachen sollten.

Ein Spaltpilz, wie auch Peter Rabl meinte?

Holzinger-Vogtenhuber zu drohenden innersozialdemokratischen Spaltungsgerüchten made by FPÖ: „Die Vranitzky-Doktrin selbst wurde so etwas wie ein Grundwert, ein Geheimnis des Glaubens an die Sozialdemokratie für viele der verbliebenen Genossen. Verständlich deshalb, weil man sich in den vergangenen Jahrzehnten auch aufgrund der Zwangskoalitionen mit der ÖVP immer wieder genötigt sah, eigene rote Linien zu überschreiten und heilige Kühe zu schlachten. Wenn also nun auch noch der letzte zentrale Glaubenssatz fällt und am Ende der Koalitionsverhandlungen eine rotblaue oder blau-rote ‚Wunschehe' steht, könnte dies die SPÖ in eine schwere, womöglich existenzbedrohende Krise stürzen."

Mit dieser Analyse ist sie sicher nicht allein auf weiter Flur.

Und wieder wird die Bundes-SPÖ in erster Linie gebannt nach Wien schauen, wohin sich die GenossInnen der Bundeshauptstadt wenden wollen und werden.

In einem Gastkommentar für das PROFIL schrieb Wiens Wohnbaustadtrat Michael Ludwig im Jahr 2017, dass die Möglichkeit einer Zusammenarbeit mit der FPÖ „sehr stark von deren Inhalten und Positionen" abhängen werde. Eine inhaltliche Abgrenzung sei, so Ludwig, „keine Ausgrenzung", sie dürfe aber „kein Politikersatz" werden.

Glücklich all jene, die das zu übersetzen imstande sind. Ganz zu schweigen von jenen Genies, die in der Lage sind, aus solchen politischen Stehsätzen heraus richtungsweisende Entscheidungen für eine Partei und für ein Land zu schnitzen.

Frei von jeglicher Übersetzungsflexibilität ist hingegen die Schlussbotschaft, die Holzinger-Vogtenhuber, früher überzeugte Sozialdemokratin (beginnend in der Studienzeit), ihren ehemaligen Parteikollegen zum Abschied mit auf den Weg gibt:

„Ich kann heute stolz behaupten, mir mein Mandat selbst erkämpft zu haben. So war die Erbfolge durch meine Vorgängerin bereits geregelt – ich kam darin natürlich nicht vor. Durch meine Kandidatur und meine Initiative, mich bei den Menschen an der Basis mit meinen Zielen und Ideen vorzustellen und schließlich eine Urabstimmung über die KandidatInnen-Nominierung zu erzwingen, habe ich einige Pläne durchkreuzt. Persönliche Karrieren nahmen nicht den gewünschten Verlauf, Egos wurden beleidigt (etwa, dass nicht der erlauchte Parteivorstand entscheiden durfte, sondern unsere Basis draußen in den Gemeinden). Ich habe mir dadurch nicht nur Freunde geschaffen und seine Fortsetzung fand dies dann durch meine Politik, die ich entsprechend dem ausgerichtet habe, was ich den Leuten im Wahlkampf zusagte und eben nicht nach dem, was mir die Partei oder Einflüsterer gerne vorgeschrieben hätten. Kurzum, es gab und gibt für sehr viele Personen in der Partei ganz konkrete Motive, mich los zu werden. Und wenn deren Aktionen, Querschüsse und Intrigen ein Maß übersteigen, dass keine sinnvolle Arbeit mehr möglich ist, dann muss man diese Partei gehen lassen."

Sprach's und ging von sich aus.

Viele, aber nicht alle SPÖ-internen Auseinandersetzungen haben ein dermaßen ultimatives Ende gefunden wie die gesinnungsgemeinschaftliche Ehe von Holzinger-Vogtenhuber mit ihrer ehemaligen Partei. Aber Selbstzerstörungs- und Selbstauflösungstendenzen haben die SPÖ (und freilich auch immer wieder andere Parteien) so intensiv begleitet als wären sie Programm. Aber Programme von Parteien kann man ja umschreiben. Manche tun das öfter, manche eben seltener.

FORTSETZUNG FOLGT …

Frank&Frei

Impressum

Martin Sörös
DAS ENDE DER SPÖ
Von der absoluten Mehrheit in die Bedeutungslosigkeit

Verlag Frank&Frei, Wien 2017
1. Auflage

ISBN: 978-3-9504348-5-9

Gedruckt in Österreich

Andreas Unterberger

ZWISCHEN LÜGENPRESSE UND FAKE NEWS
Verlag Frank&Frei, 2017
140 Seiten, 9,90 €
ISBN: 978-3-9504081-6-4

„Wahrheitsgetreue, objektive Berichterstattung in Medien ist in einer Demokratie nie durch die Obrigkeit durchsetzbar. Entscheidend kann immer nur das Vertrauen der Bürger in die Verlässlichkeit und Sorgfalt jedes einzelnen Mediums sein. Dieses aber haben viele alte wie neue Medien in einem sehr hohen Ausmaß verspielt.“
Andreas Unterberger

Christoph Braunschweig, Bernhard Pichler,
Rodion Giniyatullin, Thomas A. Geks

DEUTSCHLAND ENTGLEIST
Wie sich eine Gesellschaft selbst ruiniert
Verlag Frank&Frei, 2017
205 Seiten, 14,90 €
ISBN: 978-3-9504348-3-5

„In Deutschland herrschen die politisch-medialen Herrschaftscliquen fast diktatorisch, nachdem sie einen Quasi-Staatsstreich von oben durchgestochen haben. Dieses Land hat in den letzten Jahren seine demokratische Grundsubstanz verloren."

Braunschweig, Pichler, Giniyatullin, Geks

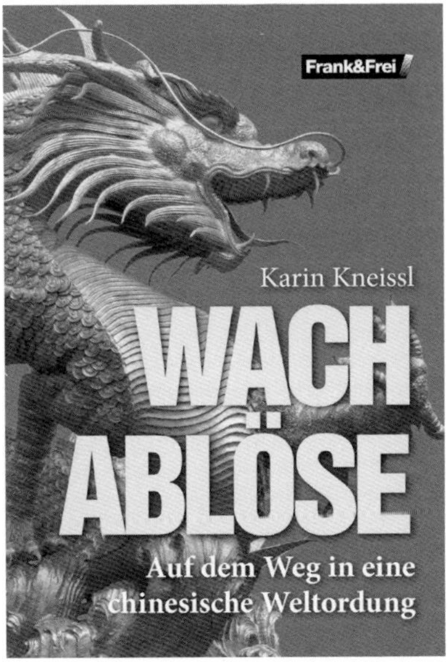

Karin Kneissl

WACHABLÖSE
Auf dem Weg in eine chinesische Weltordnung
Verlag Frank&Frei, 2017
112 Seiten, 14,90 €
ISBN: 978-3-9504348-4-2

„Europa und die USA überschätzen ihre Bedeutung in der südlichen Hemisphäre, wo längst schon asiatische Handelspartner die wesentlichen Niederlassungen errichtet haben und an Zulauf gewinnen."
Karin Kneissl